Über dieses Buch

Literarische Äußerungen von Musikern über ihr Werk sind selten. Ihre Gedankenwelt erschließt sich jedoch oft in ihrer Korrespondenz. Die Briefe von Johannes Brahms geben Einblick in seine kritische, distanzierte Einstellung zu seinem Werk, in seine künstlerischen Zweifel und Erfolge. Er, der oft als verschlossen, als Einzelgänger bezeichnet wurde, erweist hier seine Fähigkeit zu großen Freundschaften, zu deren schönsten wohl die lebenslange enge Verbundenheit mit Clara Schumann gehört.

Dieser Band enthält eine Auswahl aus der umfangreichen Korrespondenz des Komponisten. Kurze Erläuterungen des Herausgebers stellen die Verbindung zwischen den einzelnen Briefen her. Weitere Bände mit Briefen berühmter Komponisten werden folgen: Felix Mendelssohn Bartholdy, herausgegeben von Rudolf Elvers; Wolfgang Amadeus Mozart, herausgegeben von Albrecht Goes; Giuseppe Verdi, herausgegeben von Hans Busch; Richard Wagner, herausgegeben von Klaus Schultz.

Der Herausgeber

Hans Gal wurde 1890 in Wien geboren. Er studierte bei dem mit Brahms befreundeten Musikwissenschaftler Eusebius Mandyczewski und arbeitete an der Edition der Werke von Brahms mit. Von 1929 bis 1933 war er Direktor des Konservatoriums in Mainz. Im Exil wirkte er an der Universität in Edinburgh, wo er noch heute ansässig ist.

Hans Gals umfangreiches kompositorisches Werk umfaßt neben vier Symphonien und drei Konzerten die Opern »Der Arzt der Sobeide«, »Die heilige Ente« und »Die beiden Klaas«.

Mit seinen Büchern »Franz Schubert oder die Melodie« (1970) und »Drei Meister – drei Welten. Brahms, Wagner, Verdi« (1975) hat Hans Gal in der Musikwelt weite Beachtung gefunden.

Johannes Brahms
Briefe

Herausgegeben von
Hans Gal

Fischer Taschenbuch Verlag

Fischer Taschenbuch Verlag
März 1979
Originalausgabe
Umschlagentwurf: Jan Buchholz/Reni Hinsch
Fischer Taschenbuch Verlag GmbH, Frankfurt am Main

Gesamtherstellung: Hanseatische Druckanstalt GmbH, Hamburg
Printed in Germany
980-ISBN-3-596-22139-0

Inhalt

Einleitung

Der dokumentarische Wert von Briefen ist seit jeher gebührend eingeschätzt worden, als wesentlicher Beitrag zu dem, was wir über ein Leben erfahren. Was in einem Brief an Tatsachen mitgeteilt wird, mag wichtig oder unwichtig sein; es gewinnt Bedeutung durch seine Authentizität. Der besondere Wert der Briefe von großen Persönlichkeiten – von Philosophen, Künstlern, Politikern – beruht wohl vor allem darauf, daß sie nicht für die Öffentlichkeit bestimmt waren, daß sie durchaus persönlichen Inhalts sind. Darum enthalten sie so oft mehr, als dem Schreiber bewußt gewesen ist.

Ganz besonders bei Künstlerbriefen liegt diesem Umstand ein Geheimnis zugrunde: das Ausdrucksbedürfnis, aus dem jedes echte Kunstwerk hervorgegangen ist. Es kommt oft spontan in den alltäglichsten Äußerungen des Schreibers zum Vorschein und teilt mehr mit, als der Autor im konkreten Fall gedacht und aufgeschrieben haben mag. Und wenn die geistige Welt dieses Künstlers uns lieb und vertraut ist, wird jede seiner Äußerungen eine kostbare Ergänzung des Bildes, das in unserer Vorstellung lebt.

Bei vielen großen Musikern ist das vorliegende Briefmaterial einigermaßen dürftig. In dieser Beziehung bildet Brahms eine Ausnahme. Von Natur ein verschlossener, einsamer, schwer zugänglicher Mensch, hatte er – ein seltsamer, aber bei einigem Nachdenken verständlicher Widerspruch – ein Bedürfnis nach freundschaftlichem Anschluß und führte eine umfangreiche Korrespondenz. Und da er bereits in jungen Jahren große Beachtung gefunden hatte, ist ein reicher Schatz seiner Briefe erhalten geblieben und nach seinem Tode der Öffentlichkeit zugänglich gemacht worden. Was dieser Band enthält, ist eine bescheidene Auslese, bestimmt von dem Bestreben, den Künstler und sein Werk dem Leser näherzubringen.

»Le style est l'homme même«: das gilt in präzisester Weise für Brahms, dessen Briefstil so unverkennbar ist wie der Stil seiner Musik. Und wie der Komponist läßt auch der Briefschreiber eine natürliche Entwicklung gewahren, von der spontanen Jugendlichkeit früher Äußerungen zum konzisen Formbewußtsein der reifen Persönlichkeit.

Zunächst hat sich der Leser an eine Eigentümlichkeit zu gewöhnen: die Eilfertigkeit des Brahmsschen Briefschreibens. Er hat keine Zeit dafür, keine Geduld für die lästige Verrichtung, und immer weniger, je älter er wird und je größer mit dem steigenden Ruhm die Ansprüche an ihn geworden sind. Fast immer schreibt er »eilig« oder »eiligst«. Dabei gibt es für ihn nichts Wünschenswerteres, als es »behaglich« zu haben, und darin stören ihn seine beständigen Briefschulden. Brahms schreibt, wie er spricht, und oft nur in Andeutungen. Sein Hamburger Norddeutsch hat er immer behalten, hie und da sind süddeutsche oder österreichische Wendungen wie Fremdworte eingesprengt. Wir dürfen es mit Stil und Grammatik nicht allzu genau nehmen, wenn wir seine Briefe lesen. Aber immer wieder entschlüpft ihm, fast wie gegen seine Absicht, ein Satz von solcher Unmittelbarkeit, daß man an seine Musik denken muß, an den spontanen Ausdruck einer Phrase, in der seine ganze Seele ist. Allzu oft behält er seinen eigentlichen Gedanken bei sich, läßt den Adressaten eben nur ahnen, was er meint. Er schreibt einmal an seinen Freund Bernhard Scholz: »Ich kenne meinen Fehler, kurz, aber unklar zu schreiben.« Der Leser seiner Briefe sieht sich manchmal veranlaßt, das zu bestätigen. Daß Brahms jedes Wort spart, das entbehrlich ist, gehört zu seinen Gewohnheiten, zu seinem Bewußtsein von der Kostbarkeit der Zeit, die seinem Werk gewidmet sein muß. Von äußerster Gewissenhaftigkeit mit jeder Note, die er aufs Papier setzt, ist er flüchtig und oft unachtsam in seinen Briefen. Die außerordentliche Prägnanz und Bildhaftigkeit seiner Sprache ist manchmal beeinträchtigt durch die Eile, mit der er etwas so Lästiges wie einen Brief abzutun pflegt. Was man dabei aber immer wieder bewundert, ist die Mannigfaltigkeit des Ausdrucks, mit der er selbst Alltägliches zu formulieren weiß. Man findet kaum einen Brief, in dem nicht irgendwo ein Gedankenblitz dem Leser verraten würde, daß hier ein ungewöhnlicher Mensch geschrieben hat.

Daß er oft mehr zu sagen hätte, als er hinschreibt, zeigt sich in seiner Art, anstatt eines nächsten Satzes »usw.« anzufügen. Einmal, in einem Brief an einen seiner Verleger, schreibt er gar »uu. ss. ww.« Und er gebraucht unzählige Ausdruckszeichen wie ! oder !! oder Kombinationen wie !? oder !??, gelegentlich sogar !?!??

Die hier vorgelegten Briefe sind, von wenigen Ausnahmen abgesehen, vollständig mitgeteilt.
Auslassungen sind mit [...] markiert. Orthographie und Zeichensetzung wurden, soweit es sich nicht um besondere Eigenheiten handelt, der modernen Schreibweise angepaßt.

Johannes Brahms kam aus einer Kleinbürgerfamilie. Der Vater Johann Jakob, aus einem Dorf in Dithmarschen (Schleswig) stammend, war als junger Mensch in die nahe Großstadt Hamburg gezogen und verdiente seinen Lebensunterhalt als Musikant in Kneipen und Tanzstätten. Er heiratete seine um siebzehn Jahre ältere Wohnungsgeberin Christiane Nissen. Johannes, geboren am 7. Mai 1833, war das zweite Kind dieser Ehe. Da er früh musikalische Begabung zeigte, wollte der Vater den Knaben für die Tanzkapellen, in denen er mitwirkte, ausbilden. Johannes interessierte sich freilich mehr für das Klavier als für die praktischeren Instrumente, deren Spiel der Vater ihn lehren konnte, und es fanden sich willige und fähige Lehrer, die sich seiner annahmen. Mit achtzehn Jahren hatte er sich zu einem ansehnlichen Pianisten entwickelt, und sein früh sich äußerndes Kompositionstalent war unter der Leitung von Eduard Marxsen, einem kundigen und erfahrenen Musiker, sorgfältig gebildet worden.

Sein Eintritt in die Öffentlichkeit war einem Zufallsereignis zu verdanken. Eduard Reményi, ein ungarischer Geiger, der nach der mißglückten Revolution von 1848 sein Land verlassen hatte und ein Wanderleben führte, nahm den zwanzigjährigen Johannes als Klavierbegleiter auf eine improvisierte Konzertreise mit. Er besuchte mit ihm einen erfolgreichen Landsmann, den Geiger Joseph Joachim, der als Königlicher Konzertmeister in Hannover wirkte. Die Verbindung mit Reményi löste sich bald. Zwischen dem jungen Brahms und Joachim aber bestand von der ersten Begegnung an eine innige Sympathie, die zu einer lebenslangen Freundschaft führte. Joachim war nur zwei Jahre älter als Brahms, aber bereits im Besitz einer reichen und vielseitigen Musikererfahrung, die er, als Wunderkind beginnend, in jungen Jahren erworben hatte. Auch als Komponist hatte er schon ernsthafte Beachtung gefunden. Er wurde für Brahms ein kritischer Berater, dem er unbedingt vertrauen konnte. Alle seine Partituren gingen durch die Hände von Joachim, ehe sie veröffentlicht wurden, und die meisten seiner Kammermusikwerke erfuhren durch Joachim ihre Uraufführung. Brahms besiegelte diesen Bund durch die Zueignung seines Violinkonzerts an den bewährten Interpreten, der dazu eine Kadenz beisteuerte, die heute noch in fast allen Aufführungen gespielt wird.

Die eben geschlossene Freundschaft führte Brahms im September jenes Jahres – 1853 – nach Düsseldorf zu Robert Schumann, dessen getreuer Jünger Joachim geworden war. Dieser Besuch wurde das entscheidendste äußere Ereignis im Leben von Brahms. Schumann und seine Frau Clara, eine der prominentesten Pianistinnen ihrer Zeit, waren ungemein beeindruckt von den vorliegenden Kompositionen des jungen Besuchers, und Schumann veröffentlichte einen aufsehenerregenden Artikel mit dem Titel ›Neue Bahnen‹ in der damals führenden Leipziger ›Neuen Zeitschrift für Musik‹. Darin wurde der Debütant als Erscheinung von höchster Bedeutung, als der Mann der Zukunft, in die Öffentlichkeit eingeführt. Es gibt in der Musikgeschichte keinen ähnlichen Fall einer solchen Aufnahme eines jungen Talents durch einen reifen, hochgeachteten Meister. Diese Einführung sicherte dem jungen Brahms mit einem Schlag die Aufmerksamkeit der musikalischen Welt.

AN ROBERT SCHUMANN

Hannover, den 16. November 1853

Verehrter Meister!

Sie haben mich so unendlich glücklich gemacht, daß ich nicht versuchen kann, Ihnen mit Worten zu danken. Gebe Gott, daß Ihnen meine Arbeiten bald den Beweis geben könnten, wie sehr Ihre Liebe und Güte mich gehoben und begeistert hat. Das öffentliche Lob, das Sie mir spendeten, wird die Erwartung des Publikums auf meine Leistungen so außerordentlich gespannt haben, daß ich nicht weiß, wie ich denselben einigermaßen gerecht werden kann. Vor allen Dingen veranlaßt es mich zur größten Vorsicht bei der Wahl der herauszugebenden Sachen. Ich denke keines meiner Trios herauszugeben, und als op. 1 und 2 die Sonaten in C und fis-Moll, als op. 3 Lieder und als op. 4 das Scherzo in es-Moll zu wählen. Sie werden es natürlich finden, daß ich mit aller Kraft strebe, Ihnen so wenig Schande als möglich zu machen.

Ich zögerte so lange, an Sie zu schreiben, da ich die genannten vier Sachen an Breitkopf geschickt habe und die Antwort erwarten wollte, um Ihnen gleich das Resultat Ihrer Empfehlung mitteilen zu können. Aus Ihrem letzten Brief an Joachim erfahren wir jedoch schon dasselbe, und so habe ich Ihnen nur zu schreiben, daß ich Ihrem Rate zufolge in den nächsten Tagen (wahrscheinlich morgen) nach Leipzig gehe.

Ferner möchte ich Ihnen erzählen, daß ich meine f-Moll-Sonate aufgeschrieben und das Finale bedeutend geändert. Auch die Violinsonate habe ich gebessert. Tausend Dank muß ich Ihnen noch sagen für Ihr liebes Bild, das Sie mir schickten, sowie auch für den Brief, den Sie meinem Vater schrieben. Sie haben ein paar gute Leute dadurch überglücklich gemacht, und fürs Leben Ihren

Brahms

Schon in jungen Jahren zeigt sich ein ausgeprägtes selbstkritisches Verantwortungsgefühl. Die hier erwähnte Violinsonate ist niemals erschienen. Brahms hat sie verschwinden lassen, und ebenso die beiden Trios, die Schumann zur Veröffentlichung empfohlen hatte.

Kurze Zeit später konnte er dem Meister bereits die im Leipziger Verlag Breitkopf und Härtel erschienenen Werke vorlegen.

AN ROBERT SCHUMANN

[Hamburg, Dezember 1853]

Verehrter Freund!

Hiermit nehme ich mir die Freiheit, Ihnen Ihre ersten Pflegekinder (die Ihnen ihr Weltbürgerrecht verdanken) zu übersenden; sehr besorgt, ob sie sich noch derselben Nachsicht und Liebe von Ihnen zu erfreuen haben.

Mir sehen sie in der neuen Gestalt noch viel zu ordentlich und ängstlich, ja fast philisterhaft aus. Ich kann mich noch immer nicht daran gewöhnen, die unschuldigen Natursöhne in so anständiger Kleidung zu sehen.

Ich freue mich unendlich darauf, Sie in Hannover zu sehen, um Ihnen sagen zu können, daß meine Eltern und ich Ihrer und Joachims übergroßer Liebe die seligste Zeit unseres Lebens verdanken.

Ich sah meine Eltern und Lehrer überglücklich wieder und verlebe eine wonnige Zeit in ihrer Mitte.

Ihrer Frau Gemahlin und Ihren Kindern bitte ich die herzlichsten Grüße zu sagen von Ihrem

Johannes Brahms

Wenige Monate später, im Februar 1854, ereignete sich die Katastrophe, die eine traumatische Wirkung auf Brahms hatte und sein Leben für mehrere Jahre in Unruhe brachte: Robert Schumann stürzte sich in den Rhein, wurde zwar gerettet, aber in einem Zustand geistiger Zerrüttung, der es nötig machte, ihn in einer Anstalt in Endenich bei Bonn unterzubringen, die er bis zu seinem Tod nicht mehr verlassen konnte. Brahms ging nach Düsseldorf, um der verehrten Frau Clara Schumann eine Hilfe und Stütze zu sein. Seinen Lebensunterhalt erwarb er durch Klavierunterricht.

AN JOSEPH JOACHIM

Düsseldorf, 12. Mai 1854
[Poststempel: 2. Mai 1854]

Geliebtester Freund,

Wie herrlich hast Du meine winterliche Stimmung durch Deinen frischen Reisegruß unterbrochen. Das eine Wort »Thüringer Wald« jagt mir das Blut wieder heiß durch die Adern.

Schändliches Wetter und leider schlimmere Nachrichten aus Bonn lassen es hier trübe werden. Schumann hat anhaltend einige Tage Gehörstäuschungen gehabt. Wir müssen auf bes-

seres Wetter und dann von neuem auf längere Ruhe hoffen. Die letzte Hoffnung ward wieder nichtig. Schumanns Zustand ist wieder derselbe wie hier in Düsseldorf. Frau Schumann leidet furchtbar. Die beiden letzten Briefe haben sie entsetzlich aufgeregt.
Finde es nicht schlecht, daß ich Dir *jetzt* diesen trüben Brief schreibe, allein ich kann nicht anders denken, als wie schrecklich es hier in kurzer Zeit aussehen kann.
Wenn Du den Frühling ganz durchkostet hast, dann komme doch hierher, der herrlichen Frau ein Engel. Erzähle die Märchen, die Du im Thüringer Wald träumen wirst, um ihr einen Teil ihres Schmerzes zu nehmen.
Schreib auch, wenn Du kannst, auf irgendeiner Burg uns einige Zeilen.
Ich bereue fast, Dir diesen Brief geschrieben zu haben; er ist kein guter Begleiter auf der Reise. Möge er Dir kein Teil Deiner Reiselust nehmen, aber Dich bald zu uns herführen.

Dein Johannes

AN JOSEPH JOACHIM

[Düsseldorf, Juli 1854]

Frau Schumann sagte mir, Du zweifelst bisweilen daran, mich im Winter in Hannover zu sehen?
Ich will doch nicht hoffen, daß Du mehr tust als es sagen, denken wäre recht schlecht.
Schumanns Umstände sind das Einzige, was mich zu anderm bestimmen könnte. Nun, das ist wohl natürlich? Aber wie sollte ich nach Hamburg oder Leipzig gehen, wenn ich mit Dir zusammen leben kann!
Noch bitte ich Dich mich zu beruhigen über Deine Reise und gar Dein Bleiben (?) in Wien.
Willst Du als Missionär zu den Heiden wandern und ihnen das Evangelium predigen?
Es gibt auch hier in Leipzig, Hannover noch Heiden zu bekehren, und da bleiben doch einige vernünftige Menschen noch hübsch beisammen!
Ich bitte Dich, mach keine Streiche!

Dein Johannes

Brahms sendet Joachim seine Partitur des Beethovenschen Violinkonzerts, die Joachim in Düsseldorf gelassen hat.

AN JOSEPH JOACHIM

[Düsseldorf, etwa 22. Februar 1855]

Liebster Joseph,
Hier das gewünschte Konzert, könnt' ich es hören!
Immer und immer erinnert mich das Konzert an unsere erste Bekanntschaft, von der Du freilich nichts weißt.
Du spieltest es in Hamburg, es muß viele Jahre her sein, ich war gewiß Dein begeistertster Zuhörer. Es war eine Zeit, in der ich noch recht chaotisch schwärmte und es mir gar nicht darauf ankam, Dich für Beethoven zu halten. Das Konzert hielt ich so immer für Dein eigenes.
Du erinnerst Dich gewiß wie ich auch gern der einzelnen *gewaltigsten* Eindrücke, so der c-Moll-Symphonie, dieses Konzerts und des Don Juan.
Denke an mich, wenn Du's spielst, und wünsche mir einige Klänge her, ich sitze die Abende ganz einsam und denke viel an Euch.

Sei sehr herzlich gegrüßt
von Deinem Johannes

Aus diesen frühen Jahren stammt eine weitere Freundschaftsbeziehung von lebenslanger Dauer: mit Julius Otto Grimm, den Brahms in Leipzig kennengelernt hatte und der später als Musikdirektor in Göttingen und Münster wirkte.

AN JULIUS OTTO GRIMM

[Hamburg, Ende Dezember 1854]

Herzlieber,
Morgen (Montag) 2½ fahre ich von Hamburg ab, Abend 9¾ bin ich – Hannover. Sei doch mit Wagemann an der Eisenbahn! Willst Du? Ich habe gewaltige Sehnsucht, einmal wieder recht aus Herzensgrund schwärmen zu können. Im schlimmsten Fall könnte ich Dienstag um 7 Uhr früh abfahren, dann komme ich ungefähr 2 Uhr nach H. und trinke dort Kaffee. Laß mich nicht allein ankommen in H.! Ich habe lange genug keine Schumannianer gesehen. Schlafen können wir (kann ich) wohl bei Henke? Grüße Wagemann und sei selbst bestens gegrüßt
von Deinem Johannes

Einen Tag nach Brahms' zweiundzwanzigstem Geburtstag:

AN JULIUS OTTO GRIMM

[Düsseldorf, den 8. Mai 55]

Nimm den wärmsten Dank für Dein freundliches Gedenken, Du hast mich recht froh dadurch gemacht. Wärst Du doch hier gewesen, um zu sehen, wie herrlich rätselhaft der große weiße Kuchen hereingeschneit kam! Ich riet immer auf ein verliebtes Fräulein D. P., heute erfuhr ich auf Umwegen durch Langenberg wie er gekommen. Wärst Du überhaupt nur dagewesen, den prächtigen, lustigen Tag mit verlebt zu haben. Morgens unter viel schönen Blumen das Bild meiner Mutter und Schwester, ähnlich zum Küssen. Dann eine Photographie des teuren Schumann (nach dem Daguerreotyp, aber ungleich schöner), dann Bücher: Dante und Ariost! Nachmittag um 3 Uhr Joachim und mit ihm eine große Sendung Bücklinge (einige [Zinn-]Soldaten) usw. mit lieben Briefen aus Hbg! Selten war ich so lustig und seelenvergnügt als gestern. – Viel musiziert wird jetzt und herrlich! Bach, Beethoven, Schumann, daß man nicht genug bekommen kann. Denke, unser verehrter Meister dachte an mich und schickte mir das Manuskript der Braut von Messina mit der liebevollsten Inschrift. (Du!). Frau Clara schreibt Dir mit, schickt auch auf ihn Bezügliches. Recht herzlichen Gruß und Dank noch, lieber Freund, schreib uns oft, wir wollen's entschieden auch, Frau Clara wird auch schon daran halten. Wir denken oft Dein, sonderlich beim Musizieren, Trinken, Lesen und Spazierenlaufen, und was tun wir denn noch anderes?

Herzlich Dein Johannes Brahms

Das Verhältnis zwischen Brahms und Clara Schumann, der über alles Verehrten, ist rätselhaft geblieben, zumal beide im Jahre 1888 übereingekommen waren, ihre Briefe auszutauschen und zu vernichten. Clara hatte sich allerdings ausgebeten, einige von Brahms' Briefen behalten zu dürfen, und vernichtete auf die Bitte ihrer Töchter auch nicht alle eigenen.
Brahms' Gefühle für Clara müssen in jungen Jahren sehr leidenschaftlich gewesen sein. Eine enge Freundschaft zwischen beiden blieb zeitlebens bestehen, trotz gelegentlicher Krisen, die sich aus beiderseitigen Empfindlichkeiten, manchmal aus nichtigen Gründen, ergaben. Und Clara, zu deren Musikinstinkt er unbedingtes Vertrauen hatte, war immer unter den Ersten, die Brahms um Rat und Urteil bat, wenn es sich um seine Kompositionen handelte.
Im Januar 1855 ging Clara auf eine Konzertreise nach Holland. Brahms folgte ihr nach Rotterdam, um noch einige Tage mit ihr beisammen zu sein, und kehrte dann nach Düsseldorf zurück.

AN CLARA SCHUMANN

Düsseldorf, den 24. Januar 1855

Innigst geliebte Freundin,

wie schnell ist man getrennt!

Noch gestern mittag standen wir beisammen, und jetzt so weit.

Sie bereiten sich wohl aufs heutige Konzert vor und denken schon der morgigen Reise und Anstrengung, ich, ein Mann, sitze untätig und darf und kann nur an Sie denken. O dürfte ich für Sie arbeiten, könnten wir tauschen, wie gern tät' ich's. Wie hat nur die kurze Zeit des Beisammenseins gelehrt, *was* Sie aushalten müssen, ich zweifle, daß ich es könnte an Ihrer Stelle.

Ihr teures Bild fand ich hier vor und eignete mir gleich das eine zu, ich bin sehr glücklich darüber. Noch nie schien mir ein Bild so lebendig. Wenn ich's länger ansehe, treten Sie ordentlich heraus, ich glaube Ihnen die Hand geben zu können: und alles so bekannt an ihm, das Kleid, die Ringe, das Armband.

Die lieben Ihrigen sind alle wohl, Bertha und die Kinder freuten sich recht. Den Brief aus Emmerich habe ich bekommen und mir ganz gut gedacht, er sei neu.

In meinem Zimmer sitze ich wieder, Ihr Medaillon, der Kamelienstock aus Ihres Roberts Zimmer mit einer aufgeblühten und vielen Knospen vor mir. Alles so traulich und schön, wie sonst, nur in Ihrem Kabinett und im Klavierzimmer war's mir zu einsam. Ich werde wohl nicht um 3 Uhr gehen, Sie zu wecken, es ist gar zu leer im Zimmer.

Jetzt bereue ich schon, Ihnen nachgereist zu sein, wäre ich's noch nicht, da dürfte ich's jetzt und das wäre mir den Augenblick viel lieber.

Ich lege Ihnen 3 Briefe von M. B. zur Auswahl bei. Ich fürchte, mein Brief trifft Sie nicht mehr in Amsterdam, ich kam erst den Nachmittag in Düsseldorf an. Der Postwagen verspätete sich in Emmerich, und 3 Herren und ich mußten mit Extrapost bis Oberhausen fahren und um 2 von dort.

Ich denke schon mit Sorgen daran, wenn Sie die Reise machen, doch, wenn's nur erst so weit ist! Jetzt geht's doch noch schlimmer.

Ich bin gesund hier angekommen, habe unterwegs und *bis jetzt* auch hier nur an Sie gedacht. Ich sehe Sie recht deutlich in

Ihrem Zimmer, weiß ich doch jetzt, wie Sie auf der Reise leben.
Ich will schließen, meine teuerste Freundin, bald mehr. Dies soll nur ein Gruß aus der Heimat sein von

Ihrem Johannes

AN CLARA SCHUMANN

Düsseldorf, den 25. Juni 1855, Montag früh

Heute morgen kam noch kein Brief von meiner allerteuersten Freundin, doch hoffe ich ganz bestimmt, ehe eine halbe Stunde vergeht, schreibe ich ganz selig hierunter, daß einer kam, denn die Uhr geht auf 11.
Ich will Ihnen so lang von gestern erzählen, meine Liebe; den Nachmittag war Joachim, Allgeyer und ich zum Grafenberg, es war erträgliches Wetter, eben nicht hoffnungsvoll, trübe, heute ist's auch wieder dunkel. Die Hauptsache ist, daß ich jetzt eine Leidenschaft wieder fürs Springen habe. Sie sollen sich wundern, ich springe ganz gut und sehr ausdauernd, mindestens noch einmal so weit, als ich lang bin, und hoch!
Statt nach der bekannten »schönen Aussicht« gingen [wir] nach den Gerresheimer Hügeln, wo ich's eigentlich schöner finde, wir müssen recht oft zusammen hin!
Den Abend musizierten wir etwas bei J.
Nach Mehlem bin ich nicht gekommen, wie Sie sehen. Statt dessen hat der junge Deichmann gestern seine Karte hier abgegeben, ich weiß nicht, ob er wiederkommt.
Gestern habe [ich] das Konzert [von Joachim] und meine Balladen an Senff geschickt, 8 Friedrichsdor gefordert. Dienstag können sie wieder hier sein.
Wenn Sie endlich wiederkehren, freue ich mich darauf, daß wir Herder gesammelte Volkslieder zusammen lesen; das müssen wir vor allem.
Wie sehne ich mich nach Ihrer Rückkehr; ich kann gar nicht mehr existieren ohne Sie, mich verlangt's so danach, Ihre Hand wieder halten zu können, bei Ihnen zu sitzen. Es kömmt mir alles und jedes so kalt vor.
Gestern zum Johannestag hat mir Frl. Leser einen großen Kuchen geschickt. Das ist mir noch nie passiert, zum Namenstag!
Heute abend sollen wir bei Gude sein.

Nun, Ihr Brief hat mich doch noch erfreut, umsonst hofft und harrt man selten so innig. ....
Sehr traurig ist es mir immer, daß ich Ihnen nichts aus Endenich schicken kann, heute oder morgen muß aber wohl die gewöhnliche Nachricht der Ärzte kommen?
Wenn ich nur im geringsten Hoffnung gehabt hätte, den teuren Mann sehen oder sprechen zu können, ich wäre jedenfalls gereist. Aber dazu habe ich keine Hoffnung. Nun, ich glaube fest, es wird sich bei Ihrer Rückkunft einmal wieder Ihrer beiden Sympathie recht zeigen und Robert gerade zu Ihrer Wiederkehr einen Brief schicken. Doch wollen wir nicht zu fest solches hoffen.
Daß Sie nach Pyrmont wollen, scheint mir sehr vernünftig und besser als Ostende oder gar Putbus; gefällt's mir, weil ich doch einigermaßen nachkommen kann.
Nun, lebe wohl, liebe mich fort wie ich Dich immer und in alle Zeiten hinaus.

Ganz Dein Johannes

AN CLARA SCHUMANN

[Düsseldorf,] Sonntag, den 12. August 1855

Meine geliebte Freundin,
Den ganzen Tag habe ich nun fleißig gespielt und gelesen und immerfort an Sie gedacht, nun will ich's Ihnen aber auch in aller Ruhe erzählen. Ich denke immer an Sie, lange habe ich an niemand so freundlich und ohne Aufhören gedacht; heute hoffe ich nun von früh an für den Abend auf einen Brief von Ihnen, der mir recht Liebes aus Hamburg erzählt, ich sehne mich danach.
Mein geschwollener Mund ist dicker geworden, heute früh hatte ich immer eine Feige im Mund und Wolle umgebunden, da es zum Mittag jedoch noch dicker war, so ließ ich's aus Trotz, es ist auch eine zu arge Plage, so dick verbunden herumzuschleichen.
Frl. v. Meysenbug hat mir einen Brief geschrieben, dick überzuckert, ich werde ihr hochverehrter, genialischer Meister!
Was die Leute gleich einen Begriff haben, wenn ein junger Mensch etwas Besonderes schreibt! Wie mancher Jüngling wünscht sich wohl Adlerflügel und bildet sie sich auch wohl ein; gerät er hernach in die Bücher und Noten, dann klebt er gleich am Staub fest und vergißt das Fliegen. Ich fürchte das

doch zum Glück nicht häufig von mir, aber oft macht's mich traurig, daß ich gar nicht mehr weiß, wie man komponiert, wie man schafft.
Ich wünschte, diese Zeit wäre bald vorüber, und ich wäre freier und mutiger, ich könnte krank werden vor Sehnsucht nach einem neuen, frischen Ton.
Denken Sie, manchmal glaube ich ganz fest, daß ich recht krank würde und dann doppelt gesund!
Wieder manchmal, ich sei kränklich gewesen und jetzt am Genesen.
Wie unglücklich wäre ich vielleicht, wenn ich Sie nicht hätte!
An Ihnen lerne ich immerfort, daß man Lebenskraft (= lebenskräftiges Schaffen) nicht aus Büchern holen kann, sondern nur aus der eigenen Seele. Man muß nicht herein, sondern hinaus empfinden.
Sie müssen immer bei mir bleiben als mein guter Engel, dann wird gewiß aus mir, was werden soll und kann.
Ich lese mein Geschwätz nicht wieder durch, verzeihen Sie's, und lassen Sie sich recht herzlich umarmen von Ihrem

Johannes.

Die Kinder sind alle wohl, Bertha sehr tiefsinnig und mein neuer Schüler bis jetzt ein Rind.

Clara Schumann an Joseph Joachim, Bonn, 28. Juli 1856:
»[...] Ich bin seit gestern mit Johannes hier ... Ich sah ihn gestern – von meinem Jammer lassen Sie mich schweigen, aber einige zärtliche Blicke empfing ich – sie nehme ich durch mein ganzes Leben hindurch [...]«
Brahms fügt hinzu:

AN JOSEPH JOACHIM

Frau Schumann schreibt Dir dies für den Fall, daß Du ihn vielleicht zum letztenmal sehen wolltest. Ich will aber denn doch beifügen, daß Du Dir's überlegen möchtest, es ist doch sehr, sehr ergreifend und jammervoll. Schumann ist sehr abgemagert, von Sprechen oder Bewußtsein ist keine Rede. Er kannte aber *doch* seine Frau, umarmte sie und lächelte. Seit 6–8 Tagen nimmt er nichts mehr zu sich als wenig Fruchtgelee.
Ich weiß nicht mehr zu schreiben, kann nicht.
Wir wohnen im Deutschen Haus in Bonn.

Dein Johannes

Robert Schumann starb am 29. Juli 1856.

AN JULIUS OTTO GRIMM

[Heidelberg, September 1856]

Mein lieber Julius,
Was denkst Du wohl von mir, daß ich gar nicht antworte? Sei nicht bös! [...]
Statt mich zu entschuldigen usw., will ich Dir lieber einige Mitteilungen über jene Zeit machen.
Ich war zu Schumanns Geburtstag bei ihm (8. Juni). Ich fand ihn merkwürdig verändert plötzlich gegen das letzte Mal. Frau Clara kam dann aus England. Gleich mit ihrer Ankunft auch schlimmere Nachrichten aus Endenich. Acht Tage vor seinem Tode (Mittwoch) erhielten wir eine telegraphische Depesche. Ich las sie nur, sie hieß ungefähr: »Wollen Sie Ihren Mann noch lebend sehen, so eilen Sie unverzüglich hieher. Sein Anblick ist freilich grausenerregend.«
Wir fuhren hinüber. Er hatte einen Anfall gehabt, von dem die Ärzte glaubten, er hätte den Tod sogleich zur Folge. (Ich weiß den Namen nicht, ein Lungenkrampf?) Ich ging zu ihm, sah ihn jedoch gerade in Krämpfen und großer Aufregung, so daß auch ich wie die Ärzte Frau Schumann abrieten, zu ihm zu gehen und sie zur Rückreise bewegten.
Schumann lag immer, nahm nichts mehr zu sich als löffelweise Wein und Gelee. Frau Claras Leiden aber in den Tagen war so groß, daß ich ihr Sonnabend abend vorschlagen mußte, wieder hinüberzugehen und ihn zu sehen.
Jetzt und immer danken wir Gott, daß es geschehen, es ist für ihre Ruhe unumgänglich nötig. Sie sah ihn noch Sonntag, Montag und Dienstag früh. Den Nachmittag um vier starb er.
Ich erlebe wohl nie wieder so Ergreifendes, wie das Wiedersehen Roberts und Claras.
Er lag erst länger mit geschlossenen Augen, und sie kniete vor ihm, mit mehr Ruhe, als man es möglich glauben sollte. Er erkannte sie aber hernach und auch den folgenden Tag.
Einmal begehrte er deutlich, sie zu umarmen, schlug den einen Arm weit um sie.
Sprechen freilich konnte er schon länger nicht mehr, nur einzelne Worte konnte man (vielleicht mehr sich einreden zu) verstehen. Schon das mußte sie beglücken. Er verweigerte öfters den gereichten Wein, von ihrem Finger sog er ihn manchmal begierig und lange ein und so heiß, daß man bestimmt wußte, er kannte den Finger.

Dienstag mittag Joachim von Heidelberg, das hielt uns etwas in Bonn auf, sonst wären wir vor seinem Entschlafen gekommen, so kamen wir eine halbe Stunde hernach. Es ging mir wie Dir beim Lesen; wir hätten freier atmen sollen, daß er erlöst, und wir konnten's nicht glauben.
Er war sehr sanft entschlafen, daß es kaum bemerkt worden ist. Dann sah er ruhig als Leiche aus, wie wohltuend alles war. Länger hätte es eine Frau auch nicht aushalten können.
Donnerstag abend beerdigten sie ihn. Ich trug ihm den Kranz vor, Joachim und Dietrich gingen mit, Mitglieder eines Singvereins trugen den Sarg, es wurde geblasen und gesungen.
[...]
Nächstens mehr und ruhiger. Grüße Deine liebe Frau. Und sei mir nicht bös.

Herzlich Dein J. Brahms

Sein bedeutendstes Werk dieser Jahre, das Klavierkonzert in d-Moll, ist ein Ausdruck der Krisenzeit, in der es entstand. Brahms skizzierte es als Symphonie und als Sonate für zwei Klaviere, bevor es seine endgültige Bestimmung fand, und er trug es durch vier Jahre mit sich, ehe er es vollenden konnte. Die Konzeption überstieg das, was er sich mit seiner geringen Orchestererfahrung zutraute. Seine Korrespondenz mit Joachim, dem treuen Berater, den er immer wieder um sein Urteil bittet, spiegelt seine Zweifel.

AN JOSEPH JOACHIM

[Hamburg, etwa 12. Dezember 1856]

Lieber Joseph,
Was denkst Du wohl von mir, daß ich gar nicht schreibe? Vielleicht einfach das Rechte. Du hast mir zu überlegen gegeben, und damit bin ich nie fertig geworden. Alle Tage wollte ich abreisen zu Dir; hauptsächlich meiner Eltern wegen, die mich so selten und kurz haben, unterblieb's, auch damit Frau Schumann wenigstens hier einen Freund gleich findet.
So schicke ich Dir denn das Finale, um es endlich los zu sein. Ob es Dir genügen wird? Ich zweifle sehr daran. Der Schluß sollte eigentlich gut werden, aber jetzt kommt es mir nicht so vor.
Tausend Dank, daß Du den ersten Satz so freundlich und genau angesehen hast. Ich habe schon recht von Deinen schönen Bemerkungen gelernt. Als Künstler kann ich überhaupt

gar nichts zu wünschen haben als mehr Talent, damit ich mehr von solchem Freunde lernen könnte.
Leb wohl, mein Lieber, ich denke, Montag kommen wir. Im Januar muß ich jedenfalls einmal länger bei Dir sein. Ich sehne mich ordentlich danach.
Schimpfe und streiche in dem Satz, was Dir gefällt.
Viele Grüße von allen hier im Haus.

Herzlich Dein Johannes.

AN JOSEPH JOACHIM

[Düsseldorf, 22. April 1857]

Mein lieber Joseph,
Hier kommt das Rondo zum 2tenmal. Um dasselbe wie voriges Mal bitte ich, um recht *strenges* Urteil. Manches ist ganz anders geworden, hoffentlich besser, manches bloß geändert.
Hauptsächlich den Schluß möchte ich besser gemacht haben; er war zu flüchtig und gab nicht, was er wollte. Eine Stelle ist stehen geblieben mit einem Mal an der Stirn. Muß sie entschieden weg?
Im ersten Satz habe ich eine von den schwachen Stellen wohl gebessert; bei der ersten gelang mir's nicht so, ich ließ es daher, vielleicht fürs erste.
Ich lege beide Sätze noch einmal bei, Du sagst mir vielleicht noch einiges, was ich bessern kann.
Sollen im Adagio S. 18 und 19 auch lieber die Bläser die Melodie übernehmen? Soll, wo die Melodie zum 2tenmal kommt, auch lieber 8tel Bewegung sein? Hiller wollte das durchaus bei jeder kleinen Ruhe, aber hier ist's vielleicht besser? Im Finale sind einige Stellen noch sehr nackt instrumentiert; ich bin noch gar zu unwissend darin und weiß mir wirklich nicht zu helfen.
Mit den Hörnern bin ich auch wohl in Konfusion gekommen. Müssen es tiefe B-Hörner sein und kann man sie nicht mehr benutzen, vielleicht am Schluß als D-Hörner?
Die Pikkoloflöte können wir wohl besser streichen, sie hat ja nur acht Töne im ersten Satz?
Nun, lieber Freund, schicke mir's so bald zurück als Du kannst, denn ich möchte gern bald frei aufatmen können und muß vielleicht noch fix daran.
Ich sage Dir tausend Dank im voraus für diese und alle Hilfe bei dem Werk. Ohne Dich hätte ich's nicht gemacht.
Frau Schumann reist morgen abend nach England. Ich würde

wohl heulen, müßte ich jetzt, wo alle Bäume so herrlich grün sind, nach dem Nebelland.
Sie grüßt Dich herzlich wie ich.

Ganz Dein Johannes

AN JOSEPH JOACHIM

[Detmold,] Montag abend [22.] Dezember 1857

Lieber Freund,
Wieder einmal ein neuer Probedruck! Es ist wohl unverständig von mir, ihn Dir zu schicken. Ich weiß selbst nicht, wo ich die Zeit zum Schreiben gefunden habe, kann ich doch jetzt nur eilig Dich grüßen und Deiner Nachsicht noch einmal den Satz empfehlen.
Wenn Du magst und kannst, schreibe mir doch gleich einige Worte, ob die Mühe nicht ganz unnütz war und es werden kann. Ich habe kein Urteil und auch keine Gewalt mehr über das Stück.
Dann kannst Du ihn Dir ja genauer besehen usw.
Es wird nie etwas Gescheites daraus. Ich sehe Dich bald, geliebter Freund; den 11ten Januar etwa denke ich fort zu gehen. Hätte ich doch nie geglaubt, daß man in einer so kleinen Stadt so gehetzt sein könnte.
Wo bringst Du Weihnacht zu? Hätten wir's zusammen in Hamburg verleben können!
Verlebe die Tage recht heiter und laß mich bald möglichst von Dir hören.
Verzeih das eilige Geschmier.

Dein Johannes

Die entscheidende zweite Aufführung des Konzerts in Leipzig, vom Komponisten gespielt, blieb in seinem Gedächtnis als der größte Mißerfolg seines Lebens.
Brahms erwähnt hier den Leipziger Konzertmeister David, den Dirigenten Rietz und prominente Leipziger Musiker.

AN JOSEPH JOACHIM

[Leipzig,] Freitag früh [28. Januar 1859]

Geliebtester Freund,
Noch ganz berauscht von den erhebenden Genüssen, die meinen Augen und Ohren durch den Anblick und das Gespräch der Weisen unserer Musikstadt schon mehrere Tage

wurden, zwinge ich diese spitze und harte Sahrsche Stahlfeder, Dir zu beschreiben, wie es sich begab und glücklich zu Ende geführt ward, daß mein Konzert hier glänzend und entschieden – durchfiel.

Vor allem, es ging wirklich sehr gut, ich spielte bedeutend besser als in Hannover und das Orchester ausgezeichnet.

Die erste Probe erregte keinerlei Gefühle bei den Musikern oder Zuhörern. Zur 2ten kam aber kein Zuhörer und bei keinem Musiker bewegte sich ein Gesichtsmuskel.

Den Abend wurde Elisa-Ouvertüre von Cherubini gemacht, dann ein Ave Maria von demselben matt gesungen, also hofft ich, Pfunds Wirbel [das Pauken-Tremolo, mit dem das Konzert beginnt] würde zur rechten Zeit kommen. Ohne irgendeine Regung wurde der erste Satz und der 2te angehört. Zum Schluß versuchten drei Hände, langsam ineinander zu fallen, worauf aber von allen Seiten ein ganz klares Zischen solche Demonstrationen verbot.

Weiter gibt's nun gar nichts über dies Ereignis zu schreiben, denn auch kein Wörtchen hat mir noch jemand über das Werk gesagt! David ausgenommen, der sehr freundlich war und sich außerordentlich dafür interessierte und sich Mühe darum gab. – Weder Rietz, noch Wenzel, Senff, Dreyschock, Grützmacher, Röntgen sagten auch nur das Gleichgültigste. Sahr habe ich heute früh einzelnes gefragt und mich über seine Aufrichtigkeit gefreut.

Dieser Durchfall machte mir übrigens durchaus keinen Eindruck und das bißchen üble und nüchterne Laune hernach verging, als ich eine C-Dur-Sinfonie von Haydn und die Ruinen von Athen hörte. Trotzalledem wird das Konzert noch einmal gefallen, wenn ich seinen Körperbau gebessert habe, und ein zweites soll schon anders lauten.

Ich glaube, es ist das Beste, was einem passieren kann; das zwingt die Gedanken, sich ordentlich zusammen zu nehmen und steigert den Mut. Ich versuche ja erst und tappe noch. Aber das Zischen war doch zu viel? [...]

Dein Johannes
(In Eile)

Andere bedeutende Werke waren indessen herangereift – die beiden Orchesterserenaden, die Klavierquartette in g-Moll und A-Dur, die Händel-Variationen für Klavier, das Streichsextett in B-Dur –, und die Enge

der musikalischen Verhältnisse in Hamburg wurde lästig. Durch persönliche Beziehungen veranlaßt, unternahm Brahms im Herbst 1862 eine Reise nach Wien, deren Ergebnisse entscheidend waren: er wurde als Komponist wie als Pianist vom Publikum gut aufgenommen, fand neue Freunde und wurde Dirigent einer bedeutenden, leistungsfähigen Oratorienvereinigung, der Wiener Singakademie. Er behielt diese Verpflichtung nur für ein Jahr, und seine Tätigkeit für das älteste und vornehmste Wiener Konzertinstitut, die Gesellschaft der Musikfreunde, an die er einige Jahre später berufen wurde, war ebensowenig von langer Dauer. Aber Brahms war in Wien heimisch geworden und blieb es bis zum Ende seines Lebens.
Hinter dem Entschluß, seinen Wohnsitz nach Wien zu verlegen, ist allerdings eine tiefe Enttäuschung verborgen. Brahms hatte auf die Nachfolge des Dirigenten der Hamburger Philharmonischen Konzerte, F. W. Grund, gerechnet, der in den Ruhestand trat. Statt seiner erhielt einer seiner Freunde, der Sänger Julius Stockhausen, die Berufung. Brahms hat den Honoratioren seiner Heimatstadt diese Zurücksetzung niemals verziehen. Er schreibt darüber an Clara Schumann, unter Beilage eines Briefs von Avé-Lallemant, einem seiner Hamburger Freunde, der in dieser Angelegenheit eine zweideutige Rolle gespielt zu haben scheint.

AN CLARA SCHUMANN

Wien, den 18. November 1862

Liebe Clara,
Beiliegenden Brief fühle ich das Bedürfnis Dir mitteilen zu müssen.
Es ist mir ein viel traurigeres Ereignis, als Du denkst und vielleicht begreiflich findest. Wie ich überhaupt ein etwas altmodischer Mensch bin, so auch darin, daß ich kein Kosmopolit bin, sondern wie an einer Mutter an meiner Vaterstadt hänge. Nun mußt Du wissen, daß diesen Herbst schon die Sing-Akademie ernstlich daran dachte, einen 2. Dirigenten zu nehmen. Da war nur die Rede von Deppe und mir. Grade vor meiner Abreise hieher frug man privatim bei mir an, ob ich etwa geneigt sei. Nun kommt dieser feindliche Freund und stößt mich – für immer wohl, fort.
Wie selten findet sich für unsereinen eine bleibende Stätte, wie gern hätte ich sie in der Vaterstadt gefunden. Jetzt, hier, wo mich so viel Schönes erfreut, empfinde ich doch, und würde es immer empfinden, daß ich fremd bin und keine Ruhe habe.
Du hast die Sache gewiß schon erfahren und vielleicht an mich dabei gedacht, aber es ist Dir wohl nicht erschienen, als ob mir

so großes Weh geschähe, doch braucht's nur eines Fingerzeiges, daß Du siehst, wie viel mir entflieht.
Konnte ich hier nicht hoffen, wo soll ich's? Wo mag und kann ich's! Du hast an Deinem Mann erlebt und weißt es überhaupt, daß sie uns am liebsten ganz loslassen und allein in der leeren Welt herumfliegen lassen. Und doch möchte man gebunden sein und erwerben, was das Leben zum Leben macht, und ängstigt sich vor der Einsamkeit. Tätigkeit im regen Verein mit andern und im lebendigen Verkehr, Familienglück, wer ist so wenig Mensch, daß er die Sehnsucht danach nicht empfindet?
Des weiteren unterhalte Dich, wie mein freundlicher Feind auf so honigsüße Weise mir das Gift zu trinken gibt. Auf der einen Seite von der Zukunft, die mir blüht, spricht, und auf der andern, dies schon vergessend, sich auf die Zukunft ohne mich freut.
Ich schreibe auch einige Zeilen an die Eltern, die auch für Dich sind. Der Inhalt dieses Briefes und sein Dasein überhaupt ganz unter uns und besonders nicht für Avé, Stockhausen und die Eltern.

Herzlich der Deine Johs.

AN JOHANN JAKOB UND CHRISTIANE BRAHMS

Wien, 30. November 1862

Liebe Eltern, ich hatte gestern große Freude, mein Konzert ist ganz trefflich abgelaufen, viel schöner als ich hoffte.
Nachdem das Quartett [Klavierquartett in A-Dur] recht wohlwollend aufgenommen war, habe ich als Klavierspieler [seine Händel-Variationen, Bach und Schumann] außerordentlich gefallen. Jede Nummer hatte den reichsten Beifall, ich glaube, es war ordentlich Enthusiasmus im Saal.
Jetzt könnte ich freilich ganz gut Konzerte machen, aber an Lust fehlt mir's, denn es nimmt mich für die Zeit zu sehr ein, so daß ich zu nichts anderem kommen kann. Ich soll bei diesem Konzert auf die Kosten gekommen sein, im übrigen war natürlich der Saal mit Freibilletten gefüllt.
Ich habe so frei gespielt, als säße ich zuhause mit Freunden, und durch dies Publikum wird man freilich ganz anders angeregt als von unserem.
Die Aufmerksamkeit solltet Ihr sehen und den Beifall hören und sehen!

Übrigens will ich noch sagen, daß Herr Bagge wohl der einzige war, der über mein Quartett [Klavierquartett in g-Moll] so absprechend schreibt, die übrigen Tageblätter lobten mich damals sehr!
Ich bin vergnügt, daß ich das Konzert gegeben habe [...]
Und NB. Jedesmal vergesse ich's beim Schreiben zu fragen, ob denn Fritz jetzt ganz und gar gesund ist? Und ist er denn recht fleißig? Er sollte darauf los studieren, daß er nächsten Winter Triosoireen in Hamburg geben kann, ich wollte ihm sehr an die Hand gehen. Nur muß er fleißig üben und sich umschauen in der Musik.

Schreibt bald und habt lieb Euren Johannes

Fritz Brahms, der jüngere Bruder, hatte sich auch der Musikerlaufbahn zugewandt. Er war später als Klavierlehrer tätig.
Mit der Wiener Singakademie gab es Erfolge und Enttäuschungen, wie aus dem folgenden Brief an Clara zu entnehmen ist, die sich wieder auf Konzertreisen befand. Sie wollte nach ihrer Rückkehr ihren Sommersitz bei Baden-Baden beziehen.

AN CLARA SCHUMANN

Wien, den 4. April 1864

Liebste Clara,
Schönsten Dank für Deinen viel erzählenden Brief, der leider immer weiteren Weg zu mir hat. Betrübender ist freilich wohl, daß die Aussicht auf den nächsten immer weiter, bald unabsehbar weit wird.
Indes, das merkt nur, wer das ruhige Leben liebt wie ich.
Jetzt wird denn auch das erste und wohl mehrere große Konzerte vorübergegangen sein, und hoffentlich aufs allerschönste. Daß Dir auch in Liv- und Rußland so schöne Sympathie für die Werke Deines Mannes entgegenkommt, wundert mich gar nicht. Dein Mann hätte in seinem 50. Jahr schon erleben können, wie seine schönen Töne in aller Herzen klingen.
Oder ob es anders wäre, wenn er noch lebte? Ob der Widerspruchsgeist der Menschen durchaus den Tod hätte abgewartet? Hier ist niemand populärer, und das wohl im schönsten Sinn.
Von Rubinstein hörte ich gern viel; ich denke und verspreche mir vielleicht so gut mehr vom Menschen, als man es vom

Komponisten tat, denn von diesem ist wohl nicht gerade mehr Größeres zu hoffen.
Den Herbst spielte er hier ein Klavierquartett, das außerordentlich gerühmt wurde, hast Du es gehört? Doch er schreibt so viel, daß das Quartett wohl schon antiquiert ist.
Ich habe jetzt mich leider zu entschließen, ob ich die Akademie für nächstes Jahr behalten will. Könnt's doch ein Anderer für mich!
In unserem 3. Konzert ging das Weihnachts-Oratorium (Teil 1, 2, 4, 6) doch ganz trefflich. Ich und der Chor mindestens hatten unsre Freude. Der hiesigen Kritik gegenüber hat ein Bachsches Werk schweren Stand.
Hanslick mag in den 8 Tagen Höllenpein gelitten haben, da 2 Tage nachher von Herbeck die Johannis-Passion aufgeführt wurde.
Leider haben wir am 17. April noch ein Konzert, und *leider* hatte ich Gründe, auf den Vorschlag des Komitees einzugehen, lauter »Brahms« zu geben!
Ave Maria, Marien- und andere Chorlieder, eine Motette, Solo-Quartette, das Streich-Sextett, und schließlich mit Carl Tausig meine Sonate für 2 Klaviere.
Hierüber wirst Du Dich am meisten wundern, denn Du wirst von Tausig einen horrenden Begriff haben. Das ist aber ein merkwürdiger kleiner Kerl und ein ganz besonderer Klavierspieler, der sich nebenbei, soweit es einem Menschen nur möglich ist, stets zu seinem Vorteil verändert.
Rubinsteinsche, Chopinsche und natürlich namentlich Lisztsche Sachen spielt er oft wunderschön. Er hatte mich für seine Konzerte schon um die Sonate gebeten, und jetzt wird's so passieren.
Bei Härtels erscheinen einige geistliche Chorlieder und 3 Solo-Quartette (Wechsellied zum Tanze). Sie sind von einer erstaunlichen Liebenswürdigkeit, und verlangen, was es nur gibt! Haben auch vorher von selbst an mich geschrieben und Neues verlangt! Bei Rieter kommt nächstens mein Konzert à 4 ms. Sehr leicht arrangiert, aber es mag trostlos zu spielen sein, da der Klang so einförmig wird.
Das Schlimmste für mich einstweilen ist der besagte Entschluß, der gefaßt sein soll. Die Akademie hat mir freilich recht viel Freude gemacht, indes ist einmal wieder Unangenehmes genug dabei.

Wie die Leute musikalisch sind, vom Blatt singen, schön üben, ist ganz gut, aber das Leben ist zu unruhig hier, in der kurzen Saison kann weder ein Mensch noch ein Institut bestehen, das nicht rasch mittaumelt, sondern ruhig existieren möchte und Genuß und Bildung in sich suchen möchte. Das will gelebt sein, getanzt von einem Konzert und einer Überraschung zur andern.
Das Pekuniäre und Künstlerische kommt auch dadurch in bedenkliche Lage, daß kein recht vornehmer und vornehm künstlerischer Mensch mit an der Spitze steht.
Das Musikalische könnte ich recht gut und genügend besorgen, aber wie es hier steht, müßte ich ein Organisationstalent besitzen, das mir abgeht.
Von meinem Leben sonst könnte ich nicht viel erzählen. Meine eigentlichen Freunde sind die Alten, leider kann sich immer mehr nur durch die Phantasie mein Herz ihrer freuen. Hier findet sich niemand, einen zu ersetzen.
– Das wurde gestern früh von den Wiener Freunden doch übelgenommen, und ich von da ab nicht mehr zum Schreiben gelassen. Einer kam nach dem andern, bis ich die Bude schloß und mit dem letzten ging.
Heute früh nun, will ich gestehen, liegt mir wieder das nächste Konzert und mein zu fassender Entschluß aufs unbequemste im Kopf.
Wenn jemand Geld hätte, könnte er doch einmal viel besser entschließen und nach Herzenslust tun und lassen! Ohne das ist man wirklich immer recht gefesselt. Wie ich z. B. doch von Herzen gern jetzt bald (vorher will ich mir jedoch hier einige schöne Berge besehn) nach Hamburg ginge und einige Abende in der alten Stube säße! Ebensosehr jedoch zieht mich's nach Baden, wenn Du zurückkommst. Ich werde dreist versuchen, was das Härtelsche Gold denn für Strapazen aushalten kann!
Meine für Chor gefaßten Volkslieder [Vierzehn Deutsche Volkslieder] haben hier außerordentlich gefallen, und war Spina sehr gierig danach, da jedoch Rieter sehr darauf besteht und ihm das Honorar ganz gleich ist, so kriegt er sie.
Für Dich habe ich das Schubertsche Bild liegen, das Du vorig's Jahr bei mir gesehen hast. Ich habe es von einem hübschen Mädchen für Dich bekommen, mit der ich, weiß Gott, dummes Zeug gemacht hätte, wenn nicht zu Weihnacht jemand sie rasch zum Glück geangelt hätte.

Den Meinen geht's gut, meine Liebe macht's nur ängstlich, daß die Mutter gar alt wird, wer weiß, wie bald mir ein tiefster Schmerz beschieden ist.
Schreibe mir recht bald und viel von Dir und von den Kindern, von denen ich so gern höre, daß es ihnen gut geht, und wo sie sich aufhalten.
In herzlicher Liebe

Dein Johannes

Ein großer Kummer für Brahms war ein Zerwürfnis der Eltern, das zur Trennung führte. Er suchte vergebens zu vermitteln. Der Vater zog aus, die Schwester Elise blieb bei der Mutter. Brahms half in finanzieller Hinsicht, so gut er konnte.
Clara Schumann spielte zu dieser Zeit in einem der Philharmonischen Konzerte in Hamburg, in denen Johann Jakob Brahms als Kontrabassist mitwirkte. Damals wurde eine neue Orchesterstimmung nach dem sogenannten Pariser Kammerton eingeführt.

AN JOHANN JAKOB BRAHMS

[Wien, Ende Oktober 1864]

Liebster Vater, Dein letzter Brief hat mir recht leid und recht weh getan. Ich bitte Dich ein für allemal, glaube nur, daß niemals ein Sohn herzlicher seinen Vater lieben kann, als ich Dich, und daß auch niemand lebhafter und inniger empfinden kann als ich jetzt leider das Traurige in unsern Verhältnissen.
Es ist schwer, beim Schreiben das Wünschen und Raten zu unterlassen, aber ich sehe ein, wie leicht hier mißverstanden wird.
Freude empfinde ich wohl, wenn ich als Künstler oder als Mensch Schönes erlebe. Aber Du kannst wohl denken, daß sich nicht sorglose Fröhlichkeit einstellt, wenn man an die liebsten Menschen mit Betrübnis denken muß.
Ich schrieb Dir, Du brauchtest Frau Schumann kein Wort zu erzählen.
Du hättest aber denken können: weil sie eben alles weiß und Du selbst und niemand besser für Dich sprechen kann, als ich. Also sprich von diesen Sachen oder sprich nicht und sei versichert, daß Frau Schumann nur das Allerbeste von Dir denkt. Jedenfalls aber besuche Frau Schumann, Du siehst sie ja in den Proben.
Ich hoffe, Du schreibst mir und erwähnst wenigstens immer

1 Brahms' Geburtshaus in Hamburg

2 Clara Schumann

3 Mit Joseph Joachim, um 1867

4 Um 1874

der Andern, wenn nichts vorgekommen, damit ich dies eben weiß.
Ich bin seit einigen Tagen in Wien und jetzt doppelt froh, daß ich meine Stellung aufgegeben habe, denn ich hätte den Winter nicht viel Freude daran erlebt.
Bis dahin war ich in Baden, wo ich mit manchen Freunden und hauptsächlich mit Frau Schumann, Euch keinen Tag vergaß, aber durch Freundschaft und Musik mich oft erquicken konnte.
Ich wohne: Wien, Singerstraße No. 7, 2. Stiege, 4. Stock.
Schreibe mir recht bald auch von Eurem Musikmachen.
Habt Ihr die neue Stimmung? und fangt Ihr mit der 9. Sinfonie an?
Brauchst Du Geld? oder brauchst Du welches für die Andern?
Ich bat Dich, die Dukaten für sie nicht zu sparen.
Siehst Du Fritz?
Wie ist es mit Herrn Marxsen? Soll ich ihm vielleicht über die Sachen schreiben?
Inliegenden Brief kannst Du wohl an Fritz abgeben, wenn Du selbst nicht hingehst?
Kannst Du meine Schrift lesen? Du siehst wenigstens, daß ich mir Mühe dabei gebe!
Nun schreibe mir recht viel und habe nimmer Argwohn, als könnte ich je etwas anderes als der zärtlichste Sohn Dir sein.
Hast Du wieder 2 Zimmer? und bist Du zufrieden mit der neuen Wohnung?

Herzlichst grüße ich Dich
Dein Johannes

Clara berichtet aus Hamburg (5. Dezember 1864):
»Bei Deiner Mutter war mir aber gar weh ums Herz, alles so auseinander gestoben, und welche Trostlosigkeit! Deine Mutter und Elise immer in Tränen, dann wieder Dein Vater, der mir sein Herz ausschüttet, und jeder schwört, er könne jedes Wort vor Gott verantworten, ich sage Dir, ich bin ganz elend davon, da wird einem das Herz immer so hin und her gerissen. Etwas noch zum Guten kehren zu können, das erkennt man gar bald als Unmöglichkeit.«
Das Problem löste sich auf tragische Weise von selbst: die Mutter, bereits fünfundsiebzig Jahre alt, starb im folgenden Februar. Und nicht viel später überraschte der so viel jüngere Jakob Brahms den Sohn durch eine unerwartete Neuigkeit, die ihm, wie es scheint, Freude bereitete.

Baden-Baden
[Vermerk des Empfängers: 21. Oktober 1865]

Geliebter Vater, als ich Deinen Brief öffnete und drei Seiten beschrieben fand, habe ich doch mit einigem Herzklopfen die Nachrichten erwartet, die Dich so viel schreiben ließen? Da war ich denn nun auch überrascht, aber doch vor allem überrascht, daß ich es nicht schon erwartet hatte!

Liebster Vater, tausend Segen und so heiße Wünsche für Dein Wohl, wie ich sie immer für Dich hege, begleiten Dich auch hier. Wie gern säße ich jetzt bei Dir, drückte Dir die Hand und wünschte Dir so viel Glück, wie Du es verdienst, das wäre mehr, als für ein Erdenleben nötig ist.

Auch dieser Schritt ist ja nur ein schönes Zeugnis für Dich und sagt, wie Du das glücklichste Familienleben verdient hast.

So kann ich denn auch einen betrübenden Gedanken nicht los werden. Wäre es, wie es sein sollte und wie Du es um uns verdient hast, so wohnten wir glücklich beisammen und Du hättest nie erfahren dürfen, daß das Leben öde und leer sein kann. Du weißt, weshalb ich nicht wohl in Hamburg bleiben konnte, doch hättest Du mir statt der Sache nur eine Absicht mitgeteilt, ich müßte meinem Herzen folgen und würde Dir vergelten und ersetzen, was Du entbehrst.

Doch ist es nun beschlossen, so gebe Gott seinen reichsten Segen dazu. Empfiehl mich der künftigen Mutter und sage ihr, sie könnte keinen dankbareren Sohn als mich haben, wenn sie meinen Vater glücklich macht. Ich werde sie wohl nicht kennen, denn Du schreibst mir ihren Namen nicht. Sie ist kinderlos?

Ich denke, und jetzt natürlich viel ernstlicher, im Dezember zu Dir zu kommen. Doch für's erste schreibe Du noch und auch noch ausführlicher, Du kannst doch denken, wie mich jedes Wort interessiert und nach wie vielem ich fragen möchte.

Ob sie etwa eine Landsmännin, ob sie Kinder hat, wo sie wohnt, wie lange Du sie schon kennst usw.

Übereilen wirst Du Dich nicht – aber wie kann ich mich unterfangen, und wie kann man überhaupt einem Manne raten wollen! Du weißt ja, wie wichtig, wie schwierig der Weg ist!

Und doch kann ich Dir nicht sagen, wie gern ich dort wäre und hätte sie zuerst sehen können und kennen lernen und mich der Wahl freuen. Jetzt kann ich nur Deinen Entschluß natürlich

und recht finden, mich sehr bekümmern, daß wir Kinder ihn entstehen lassen konnten und dann noch, wie natürlich, recht unruhig die Erwählte mir vorstellen.
Ich bleibe noch acht Tage hier, später adressiere nach: Karlsruhe, bei Herrn Kapellmeister H. Levi. Aber frankiere. Ich gehe bald in die Schweiz, wo ich in Zürich und Basel Konzerte habe, dann in Karlsruhe, am 12. Dezember in Köln. Alsdann komme ich wohl mit Herzklopfen nach Hamburg. Schreibe also vielleicht noch hierher. Soviel Zeit wie möglich wirst Du wohl noch warten?
Das soll freilich nicht viel sein.
Sei also vielmal gegrüßt.

In herzlicher Liebe Dein Sohn Johannes

Am 22. März 1866 heiratete Johann Jakob Brahms die zweiundvierzigjährige Karoline Schnack.

AN JOHANN JAKOB BRAHMS

Karlsruhe, 21. März 1866

Bester Vater, meine herzlichsten Wünsche für den morgigen Festtag und viele ihm folgende Tage und Jahre. Ich werde mit allen Gedanken bei Euch sein und bin wenig zufrieden, daß Ihr nur ein paar Worte von mir, nicht mich selbst seht. Doch wenn man sich lieb hat, wie wir uns, lieber Vater, da fühlt man wohl den Andern um sich – ist er auch einige Meilen weit.
Der neuen Mutter muß ich aber zu Hilfe kommen und lege deshalb ein Bild mit möglichst freundlichem Gesicht bei. Das ist übrigens nur eine Visitkarte, ich wollte eigentlich gebeten haben, daß Ihr ein großes Bild von mir aufhängt in Eurem Zimmer. Doch fehlt dieser Tage die Sonne, um es fertig zu machen und so kommt es in der nächsten Zeit, bittet um einen Platz an der Wand und daß Ihr es manchmal recht freundlich anseht.
Ob Ihr wohl zu Hause bleibt oder nach Schwarzenbeck oder wohin fahrt?
Schreibe mir überhaupt recht bald wieder und wie vergnügt Ihr gewesen seid und jetzt lebt.
Wie lange bleibt Ihr denn wohnen? Schreibe mir zeitig die neue Adresse.
So seid denn tausendmal gegrüßt und denkt einmal an mich, wie ich denn in aller Liebe Eurer gedenken werde.

Dein treuer Sohn Johannes

Die Briefe von Brahms verraten eine Eigentümlichkeit seines Wesens, die ganz und gar nicht zu dem neuzeitlich intellektuellen, skeptischen, sich kühl von der Außenwelt distanzierenden Menschen zu passen scheint, als der er sich zu geben pflegte: er hing mit traditioneller Treue an seinem Elternhaus, an seiner Familie. Seit er es sich leisten konnte, trug er reichlich zum Haushalt des Vaters bei. Und als dem alternden Mann seine Tätigkeit als Musiker zu anstrengend zu werden begann, redete er ihm zu, sie aufzugeben oder wenigstens einzuschränken. Seine Geldsendungen waren häufig und, den damaligen Verhältnissen entsprechend, manchmal mit Umständlichkeiten verbunden. Eines war ihm immer wichtig: daß alle Zahlungsverpflichtungen gewissenhaft eingehalten wurden. Es gab Zwistigkeiten mit dem Bruder, der für einige Jahre als Klavierlehrer nach Venezuela gegangen war, und Meinungsverschiedenheiten mit der Schwester Elise, die, schon über Vierzig, einen Witwer mit sechs Kindern heiratete. Aber er fühlte sich ihnen zugehörig, so wie er nach dem Tode des Vaters freigebig für die Stiefmutter und den Stiefbruder sorgte, den sie in die Ehe mitgebracht hatte.
Die tiefe Enttäuschung über die Zurücksetzung, die er in Hamburg erfahren hat, ist wohl zum großen Teil solchen Gefühlen zuzuschreiben, einer Heimatbindung, die zutiefst in seinem Bewußtsein wurzelt. Er ist groß und berühmt geworden, seit er in die Fremde gezogen ist, und er liebt die freundliche österreichische Umgebung und Lebensweise, aber in seiner Sprache wie in seinen Gefühlen ist er ein Norddeutscher geblieben.
Brahms hatte den Vater zu einer Ferienreise in die Schweiz eingeladen.

AN JOHANN JAKOB BRAHMS

[Zürich, Vermerk des Empfängers: 16. August 1866]

Geliebtester Vater, ich sehe ein, daß es wohl für jetzt besser ist, wir lassen das Reisen. Dagegen aber mußt Du erlauben, daß ich einen Teil dessen, was ich dafür verwenden wollte – für Deine Möbel ausgebe. Ich lege hier 10 Napoleondors bei, das macht etwa 53 1/2 Thaler, Du wirst Dich danach erkundigen. Nur die einzige Bitte habe ich, daß Du es für Deine *jetzige, augenblickliche* Bequemlichkeit ausgibst und nicht aufzubewahren denkst. Es findet sich immer wieder Geld, erst nur immer flott leben.
Wenn Du Zeit hast und spazieren laufen magst, so hätte ich Dich gern gebeten, doch Herrn Marxsen zu fragen, ob ihm seinerzeit ein Requiem (geschrieben) von mir zugekommen ist und ob ich's nicht recht bald zurückbekommen kann.
Ich habe gar nichts davon erfahren und bin etwas in Sorge. Herzlich freue ich mich, daß Du so lustig bist und so fröhlich

Touren machst. Schreibe mir auch weiter, wie es mit dem Verdienst und wie es mit der Lustigkeit geht. Nimm mein Geld noch als ein nachträgliches Hochzeitsgeschenk, wie gern schickte ich's oft. Gehe Dir's wohl, grüße zu Haus und behalte lieb

Deinen Johannes

Hier ist ein Werk erwähnt, das zu dem in diesen Jahren ständig wachsenden Ruhm von Brahms mehr beitrug als alles bis dahin Geschaffene: ›Ein deutsches Requiem‹. Man kann vermuten, daß der Tod der Mutter zu dem Entschluß zu diesem Werk beigetragen hat. Die erste, die davon erfuhr, war Clara.
Vom folgenden Brief ist nur ein einzelnes Blatt erhalten.

AN CLARA SCHUMANN

[April 1865]

[...] Wenn bei Spina geöffnet ist, so schicke ich allerlei.
Ein Heft Lieder könntest Du wohl an Joachim mitnehmen, wir hören so gar nicht voneinander, daß ich wenigstens einmal grüßen möchte.
Das Chorstück [»Wie lieblich sind deine Wohnungen«] ist aus einer Art Requiem, mit dem ich derzeit etwas liebäugelte, in flüchtigem Klavierauszug. Die geschriebenen Variationen [über ein Thema von Paganini] müßte ich mir nun freilich wohl vor der Abreise nach England zurückerbitten, und ich trage deshalb Scheu, sie zu schicken. Doch vielleicht hast du eine freie Stunde, die Sachen durchzuklimpern, und *vielleicht noch eine*, mir ein Wort zu schreiben, namentlich ob es einen ungefähren Sinn und Zweck hat, wenn ich die Variationen (2 Hefte) herausgebe. Bitte darüber ein Wort.
Adressiere die Noten an Spina.
Die Lieder heißen hier »wonnevoll« und vor allem das letzte, das ich ohne Ende begleiten muß [das letzte der Lieder und Gesänge Op. 32, »Wie bist du, meine Königin«, schließt mit dem Wort »wonnevoll«]. Levi würde sich freuen, daß seine Antipathie [gegen das Gedicht von Daumer] hier gar keine Apostel findet.
Nun nochmal viel schöne Grüße, und hoffentlich hast Du etwas ruhige Zeit für meine Schmiererei und für einige Zeilen Kritik. [...]

AN CLARA SCHUMANN

Wien, Montag den 24. April 1865

Liebste Clara,
es ist alles ärgerlich, daß Du jetzt wirklich in England bist, daß der schönste Frühling gar nichts von Dir hat, daß ich Dir noch unnütze Plage mit Noten schaffe und was alles!
Ich gehe also richtig am Samstag oder Sonntag, den 29. oder 30., direkt nach Karlsruhe und Baden. Mir wär's freilich lieb – da die Noten doch wohl der Tage nicht mehr kommen – sie wären an Levi oder Deine Elise adressiert. Dieweil Gotthardt sonst so beliebig durchschnüffeln kann, was auf der Post schon geöffnet werden mußte. Indes – schließlich ist's einerlei.
Aber schreibe mir jetzt durch Levi nach Karlsruhe. Wenn's noch früh genug ist, so bitte, daß Du Joachim nicht das Chorstück zeigst – überhaupt ist es bis jetzt das schwächste wohl in besagtem deutschen Requiem. Da dieses nun doch vielleicht, bis Du nach Baden kommst, in Nichts verduften könnte, so lies hier noch die schönen Worte, womit es anfängt.
Ein Chor in F-Dur ohne Geigen, aber mit Harfe und andern Schönheiten begleitet:

»Selig sind, die da Leid tragen,
denn sie sollen getröstet werden.
Die mit Tränen säen
werden mit Freuden ernten.
Sie gehen hin und weinen
und tragen edlen Samen
und kommen mit Freuden
und bringen ihre Garben.«

Den Text habe ich mir aus der Bibel zusammengestellt. Der übersandte Chor ist Nr. 4.
Der 2. geht aus c-Moll [später b-Moll] und in Marschtempo:

»Denn alles Fleisch ist wie Gras
und alle Herrlichkeit des Menschen
wie des Grases Blumen.
Das Gras ist verdorret
und die Blumen abgefallen« etc.

So ein deutscher Text kann Dir doch so gut gefallen wie der gewohnte lateinische?
Ich hoffe sehr, eine Art Ganzes zusammenzubringen, und wünsche Mut und Lust einmal zu behalten.

Gestern war ich in Schönbrunn und seinen schönen Palmenhäusern. Der Frühling hat alles schon reizend mit Grün angehaucht. Trotzdem ich keine Landpartien mache, muß ich doch, Frühlings wegen, doppelt zerstreut leben. Er ist hier prächtig, und die Damen macht er gar schöner, daß man oft nicht weiß, wohin die Augen.
Von Karlsruhe oder Baden hörst Du bald. Es wird wohl erst etwas gebummelt in Karlsruhe, dann aber in Lichtenthal eine Wohnung gesucht und auf Dich gewartet.

Recht herzlich
Dein Johannes

Die Arbeit am ›Deutschen Requiem‹ beschäftigte Brahms einige Jahre hindurch mit der gewohnten kritischen Wachsamkeit, die ihn immer dazu veranlaßte, seine Freunde um Rat und Zustimmung zu bitten. Eine Aufführung der ersten drei Sätze in Wien (1. Dezember 1867) wurde sehr kühl, ja mit Widerspruch aufgenommen und gab Brahms Ursache zu einer nochmaligen gründlichen Durchsicht und Überarbeitung. Einige Monate später, am Karfreitag 1868, machte das Werk im Bremer Dom – immer noch ohne seinen fünften Satz (»Ihr habt nun Traurigkeit«), der nachkomponiert wurde – einen so mächtigen Eindruck, daß andere Aufführungen rasch folgten. Fünf Jahre später gab es kaum mehr eine deutsche Oratorienvereinigung, die das ›Deutsche Requiem‹ nicht zur Aufführung gebracht hätte.
Brahms geht in einem Brief an den Bremer Domkapellmeister Karl Reinthaler sehr gleichmütig über den Wiener Mißerfolg hinweg. Der interessanteste Teil dieses Briefes bezieht sich auf einen Einwand des Dirigenten, der als Kirchenmusiker und Theologe im Text des Requiems das konfessionell-religiöse Element vermißte und eine diesbezügliche Einschaltung vorschlug.
Auch Reinthaler stand der äußeren Wirkung dieses Werks zunächst einigermaßen skeptisch gegenüber: »Für das Werk als Ganzes ist nur ein Bedenken, was Sie als Künstler zurückzuweisen berechtigt sind: es scheint durch den großen und andauernden Ernst, den die Sache bedingt, für einen Teil des Publikums, das man doch zu Aufführungen leider nötig hat, vielleicht ermüdend – doch wird sich das bei einer guten Aufführung wohl überwinden lassen; und am Ende für plebeische Ohren ist das Gute fast immer ermüdend.«
Die handschriftliche Partitur war von Joachim, der sie zunächst an einen anderen Jugendfreund von Brahms, Albert Dietrich, gesandt hatte, zu Reinthaler gelangt. Brahms schreibt:

AN KARL REINTHALER

[Wien, ca. 2. Oktober 1867]

Geehrtester Herr,

Ich erfahre soeben von Joachim, daß Sie im Besitz meines »Deutschen Requiems« sind. Darf ich Sie ersuchen, mir dasselbe *jedenfalls umgehend* zukommen zu lassen. Ich erwarte es lange mit Ungeduld von Dietrich oder Joachim zurück, und nur meine Schreibefaulheit läßt mich erst heute erfahren, daß ich es von Ihnen zu erbitten habe.

Ich kann nicht unterlassen, zu bemerken, daß es mir einigermaßen peinlich ist, mein Werk bei Ihnen zu wissen. Es trägt noch so arge Spuren von Flüchtigkeit und eiligem Schreiben, daß es sich nur guten Musikern zeigen kann, die ich zugleich nachsichtige Freunde nennen kann. Wollten Sie dies freundlichst nachträglich bemerken und damit recht vieles einstweilen entschuldigen. Trotzdem wäre es mir nun eine große Freude, wenn Sie mir in kurzem oder langem Ihre aufrichtige Meinung über das Werk sagen möchten.

Möglicherweise habe ich in ganz kurzer Zeit hier eine Aufführung, und deshalb wiederhole ich meine Bitte um sofortige Zusendung des Manuskripts, damit ich es gebührend betrachten und bearbeiten kann.

An die Musikhandlung des Herrn Spina bitte ich zu adressieren.

Mit ausgezeichneter Hochachtung
Ihr ergebener Johs. Brahms

Reinthaler schlug eine Aufführung am Karfreitag im Bremer Dom vor.

AN KARL REINTHALER

Wien [ca. 9. Oktober 1867]

Geehrter Herr,

Auf Ihren werten Brief wünschte ich recht sehr mit Behagen antworten zu können. Briefschreiben ist jedoch so wenig meine Sache, daß ich mich auch diesmal darauf vertrösten muß, Ihnen etwa persönlich zu begegnen und dann nach Herzenslust einiges zu plaudern.

Doch habe ich nötig, Ihnen zu schreiben, wie große Freude mir die herzliche Teilnahme machte, mit der Sie mein Werk gelesen. Ich anerkenne sie doppelt, seit ich das Werk mit einigem Schrecken wiedersah und tüchtig darin herumwirtschaftete

mit der Feder. Die Musik anlangend, habe ich so viel mehr beantwortet, als Sie nachsichtig genug gefragt und gesagt haben.
Was den Text betrifft, will ich bekennen, daß ich recht gern auch das »Deutsch« fortließe und einfach den »Menschen« setzte, auch mit allem Wissen und Willen Stellen wie z.B. Evang. Joh. Kap. 3 Vers 16 entbehrte. Hinwieder habe ich nun wohl manches genommen, weil ich Musiker bin, weil ich es gebrauchte, weil ich meinen ehrwürdigen Dichtern auch ein »von nun an« nicht abdisputieren oder streichen kann.
Aber – ich höre auf, ohne ausgesprochen zu haben, und will noch einer Sache erwähnen, die mir nicht bloß angenehm, sondern wichtig wäre. Das ist eine Aufführung im Bremer Dom, von der Sie schreiben.
Ich werde hier (am 1. Dez.) aus mancherlei Gründen die erste Hälfte aufführen und schwerlich Gelegenheit haben, das Ganze zu hören. Mögen Sie sich für eine Aufführung in Ihrer Stadt ernstlich interessieren, so verbinden Sie mich außerordentlich. Einigermaßen wäre da freilich auch wohl das Pekuniäre zu bedenken: vielleicht könnte ich in einem der Abonnement-Konzerte spielen, vielleicht auch ein eigenes Konzert geben? Kurz, ich werde sehr begierig nach einem etwaigen weiteren Brief von Ihnen ausschauen und sehr froh sein, wenn sich die Sache realisiert. Namentlich von Ende Januar ab bin ich durchaus frei und hält mich nichts ab, nach Belieben mich in Ihrer Stadt und Gegend aufzuhalten.
In der Hoffnung also, gelegentlich von Ihnen hierüber zu hören, mit ausgezeichneter Hochachtung

ergeben J. Brahms

AN JOHANN JAKOB BRAHMS

[Wien, 24./25. Dezember 1867]

Liebster Vater, heute und jetzt ist freilich der Heilige Abend schon da und ein Brief sollte jetzt ankommen bei Dir, nicht jetzt geschrieben werden!
Das ist nun aber schon so, gedacht habe ich schon an Euch und wie Ihr wohl gemütlich zusammen sitzt und gerade wohl darauf wartet, daß der Punsch fertig ist! Viel fehlte nicht und ich säße jetzt auch dabei! Aber ich habe noch am Sonntag zu spielen, auch noch in Olmütz. Dann jedoch, wohl noch im Januar, werde ich nach Hamburg kommen.

Ich führe nämlich vermutlich am Karfreitag im Bremer Dom ein Werk auf, ein »Deutsches Requiem«. Da werde ich denn im Januar und Februar öfter dort sein und öfter in Hamburg.
– Hier unterbrach mich gestern Deppe, der, wie Du wohl weißt, sich jetzt Wien besieht und mit dem ich dann den Heiligen Abend im Wirtshaus verbrachte.
In Familien zu gehen, kann ich mich schwer entschließen an diesem Abend.
Heute waren wir mit Deppe, Nottebohm etc. nach Schönbrunn, diesmal ohne türkischen Kaiser, auch war die Gloriette mit der schönen Aussicht verschlossen.
Ja! So viel wie Du sieht nicht jeder!
Hast Du nicht vor einiger Zeit Brief und Paket von Wien bekommen? Graßls, die liebenswürdigen Leute vom Mondsee, haben Dir irgendwas (wohl Zeitungen) geschickt und wüßten nun gern, ob Du es bekommen?
Spaziere doch einmal zu Herrn Marxsen hinaus, lasse ihn diesen Gruß schauen und erzähle ihm von Bremen und Karfreitag. Ich hoffe nämlich, wenn alles gut und richtig geht, daß Du und aber auch Herr Marxsen zuhört!
Gestern Abend in der Kneipe trafen wir auch meinen Groß-Lehrer Bocklet und sprachen viel und mit vieler Liebe: er vom Schüler, ich vom Lehrer.
Ich schreibe hier noch expreß für diesen [Marxsen], daß es recht der Mühe wert ist, mein Requiem anzuhören. Hier, wo ich aus verschiedenen Gründen nur Teile aufführte, hat es bedeutend Lärm gemacht.
Aber nimm mit diesem Gruß vorlieb, ich schreibe seinerzeit, wenn ich abfahre, und dann bin ich sehr vergnügt und freue mich wie ein Kind, mit Vater, Mutter und Bruder beisammen zu sitzen. Grüße alle und verleb das Fest heiter.

Johannes

Um die Vorbereitung des Requiems in Bremen zu befördern, war Brahms bereits im Januar bei den Eltern in Hamburg. Mit der Stiefmutter und ihrem Sohn aus erster Ehe – sie war verwitwet gewesen – stand er in herzlicher Beziehung. Er knüpfte an diesen Aufenthalt in Norddeutschland Konzertreisen mit dem ihm befreundeten Sänger Julius Stockhausen.
Reinthaler hatte für die Aufführung des Requiems den 10. April vorgeschlagen.

AN KARL REINTHALER

[Wien, Dezember 1867]

Geehrter Herr,

Recht vergnügt erwidere ich auf Ihren Brief ein einfaches »Ja« und danke Ihnen von Herzen für Ihre Freundlichkeit. Ohne diese würde das Werk auch dies Jahr nur geschrieben sein.

Sehr erwünscht ist mir auch der Zweck des Konzerts, da nun die Geldfrage auf sich beruhen kann. Einem beliebigen Komitee gegenüber darf das aus verschiedenen Gründen nicht geschehen.

Die *vollständigen* Singstimmen werde ich Ihnen (wohl durch Buchhändler-Gelegenheit) zukommen lassen, und ich selbst werde mich wohl mit dem neuen Jahr aufmachen in Ihre Gegend und Ihre Stadt.

Die hiesige (teilweise) Aufführung hat mir große Lust gemacht. Lassen Sie sich durch etwaige Berichte nicht irre machen, denn es ging, namentlich bei den Orchesterproben, gar eilig her [...]

Ich lebe in gar unruhiger Konzertwirtschaft, verzeihen Sie deshalb das eilige Schreiben.

Nochmals meinen besten Dank, daß Sie meinem Werk zu hoffentlich glücklicher Entbindung helfen.

Joachim erwidert Ihre Grüße herzlich, und ich füge die meinen bei.

Ihr sehr ergebener
J. Brahms

AN KARL REINTHALER

[Wien, Ende Dezember 1867]

Geehrtester Herr,

Erlauben Sie, daß ich eilig und kurz einiges auf Ihren freundlichen Brief erwidere.

Ich denke durchaus nicht daran, Wien zu verlassen und nach Bremen oder sonst wohin zu übersiedeln. Komme ich überhaupt bald fort, so meine ich, bis zu Ihrer Aufführung, also 1/4 Jahr, in Norddeutschland *überhaupt* mich herumzutreiben. Ganz wie es nötig oder angenehm ist, werde ich die Nachtfahrt zwischen den zwei freien Städten machen. Nach Oldenburg und wohin sonst noch denke ich jedenfalls zu fahren.

Den übersandten Stimmen legte ich die Partitur der drei letzten Sätze bei, weil hiervon die Stimmen (Viola und sämtliche Bläser) kopiert werden müssen. Sie lassen das wohl lieber bald möglichst geschehen!
Leider habe ich nur meine schlecht geschriebene Partitur und schlechte Klavierauszüge. Doch will ich noch heute sehen, ob ich sie Ihnen in ungefähr brauchbarem Zustand schicken kann.
Das Wichtigste an der Aufführung ist nur: so viel und oft probieren können, wie ich mag. *Unter uns*: es ist mir ganz recht, eine Menge Geld zu verdienen – aber – auch unter uns – auch ganz recht, wenn ich nur für mein Geld Extraproben haben kann. Namentlich fände ich es wünschenswert, wenn wir [Streicher-] Doppelquartett bei den späteren Singübungen benutzen könnten.
Doch ich hoffe, bald meinen Koffer packen zu können, und da werde ich wahrscheinlich zunächst über Bremen nach Hamburg fahren. Da könnten wir Nötiges leicht besprechen, und ich armer Komponist, der so dringend einen Vormund braucht, – Ihnen recht herzlich danken.
Also auf hoffentlich baldiges Plaudern.

Ihr sehr ergebener J. Brahms

AN KARL REINTHALER

Hamburg, Anscharsplatz 5 [Mitte Januar 1868]

Werter Herr,
Ich bin diesen Morgen hier angekommen und säume nicht, Ihnen dies zu melden – mit der Bitte, mir hingegen zu melden, was etwa mein ›Requiem‹ angeht. In Versuchung bin ich, Sie kommenden Montag zu besuchen: ich meine nämlich aus Ihren Briefen verstanden zu haben, daß Sie Montags Chorübungen haben. Wie mag sich denn Ihr Pianist mit dem schlecht geschriebenen Auszug vertragen?
Falls Sie meinen Besuch etwa lieber 8 Tage später wünschen, so möchte ich also, wie gesagt, am nächsten zuhören, das Klavier schlagen und außerdem einiges mit Ihnen plaudern.
Einstweilen freundlichen eiligen Gruß.

Ihr ergebener J. Brahms

AN KARL REINTHALER

[Hamburg, 12. März 1868]

Geehrtester Freund,
Eine kleine Pause (wir hatten gestern hier und erst morgen in Kiel Konzert) benutze ich, Ihnen einige Worte zuzuflüstern.
Zunächst besten Dank für die Ihrigen; ich wünsche herzlich, die Bremer mögen den Eifer behalten. Gestehen will ich, Sie bewundern zu müssen, wenn wir in der Karwoche recht vergnügt sein können. Mein Werk ist doch recht schwer, und in Bremen geht man doch bedächtiger zum hohen a hinauf als in Wien usw.
Ich schicke hierbei die Partitur der drei ersten Sätze, da ich herzlich wünsche und hoffe, Sie lassen das Streichquartett sich beteiligen an den Singproben; es wäre sehr schön, wenn die Geiger hernach die Sache kennten.
Sind wohl die Stimmen der übrigen Sätze fertig und recht korrekt?
Stockhausen, der Sie bestens grüßen läßt, will sich die Geschichte anhören und dabei (aus Gefälligkeit) das Solo gern übernehmen. Einstweilen fahren wir nach Kopenhagen [...]
Verzeihen Sie das eilige Geschmier und halten Sie weiter mein »Requiem« in sorgsam liebendem Arm [...]

Ihr ergebener Johannes Brahms

Die überwältigende Wirkung des Requiems, die sich bei dieser ersten vollständigen Aufführung erwies, kam allen Freunden überraschend, und Brahms selbst vielleicht am meisten. Der Erfolg war so groß, daß für den 26. April eine Wiederholung angesetzt wurde.
Dem folgenden Brief war ein Schreiben an den Vorstand der Bremer Singakademie beigefügt.

AN KARL REINTHALER

[Hamburg, ca. 23. April 1868]

Wertester Freund,
Nun hätte ich längst die schönste Rede halten sollen auf einem viel größeren Papier als diesem. Unverzeihlich, daß ich's nicht getan, denn was ich auch jetzt schreiben mag, es schaut doch nur wie eine Quittung aus.
Aber nein, Du weißt ja so gut wie ich, daß ich nur das Kleinere

abtue, wenn ich sage, daß mich der Brief des Vorstandes und die Beilage aufs angenehmste überrascht hat.
Wir wissen denn auch beide recht gut, für welche Freuden ich Dir dankbar bin. Durch alles mögliche – die Gastfreundschaft ist nicht das Letzte – hast Du mir ein paar Tage geschaffen, die mir unvergeßlich sein werden. Das klingt banal! Aber banal klingt auch: ich liebe Dich, und wer, Teufel, macht denn erst Variationen, wenn er so etwas sagen will.
Ich reise doch Sonntag abend mit der Bremer Post? Ich denke, sonst hättest Du geschrieben, und meine Freudentafel war eine so wohlbesetzte, daß der Nachtisch nicht fehlen kann.
Aber ich muß noch einmal ans Glas stoßen. Gib doch inliegenden Brief – aber an wen? – ab.
Ich freue mich zweifach, nach Bremen zu kommen; das Schreiben ist überhaupt eine lausige Sache und gar, wenn man recht viel und Herzliches zu sagen hätte.
Grüße Deine liebe Frau schönstens, die Kindlein kleinen, und sei selbst herzlich und herzlich dankbar gegrüßt von

Deinem Joh. Brahms

Hier sei eine Episode aus dem vorangegangenen Jahr eingeschaltet: auf wiederholtes Drängen von Brahms folgte sein Vater im Juli 1867 seiner Einladung, ihn in Wien zu besuchen. Er konnte sich gar nicht genugtun, dem Vater die Schönheiten von Wien wie die des Alpenlandes zu zeigen und nahm ihn auf anstrengende Fußwanderungen mit. Ein Brief an Joachim gibt seinen Gefühlen sehr spontanen Ausdruck.

AN JOSEPH JOACHIM

[Wien, 22. August 1867]

Lieber Joseph,
[...] Ich hatte durch den Besuch meines Vaters und eine kleine Reise, die wir zusammen gemacht, die schönste Herzenserquickung, die ich seit langem empfunden.
Nur die kleinste Freude war der Genuß, den mein Vater hatte und von allem Neuen, was er sah. Und bis dahin hatte er keinen Berg und von keinem Berg herab gesehen. Du magst also denken, daß sein Erstaunen kein geringes war: ihm war auch durchaus nicht unwichtig, daß er hier den Kaiser mit dem Pascha und in Salzburg den Kaiser mit Napoleon zusammen gesehen.
Nun sitze ich wieder hier und bleibe auch ruhig hier, aber

meine Seele ist doch erfrischt wie der Körper nach einem Bade: davon hat der gute Vater keine Ahnung, wie wohl er mir getan hat; fast wäre ich mit nach Hamburg gefahren, da hätte ich auch Euren Garten gesehen, den ich einstweilen schön grüße samt allen, die darin herum spazieren.

Herzlich Dein Johs. Br.

Ein Jahr später nahm Brahms den Vater noch einmal auf eine Ferienreise mit, diesmal an den Rhein und in die Schweiz.

AN JOHANN JAKOB BRAHMS

[Bonn, Ende] August 1868

Lieber Vater,

Vom 2. bis 5. September kann man auf sehr billige Art (mit einem Vergnügungszug) in die Schweiz kommen. Deshalb komme *jedenfalls* den 2., *besser* wäre der 1. Denn spätestens den 5. müssen wir schon von Mainz weiter. Fahre gleich bis Bonn. Du hast in Köln eine Viertelstunde Aufenthalt und bist um 11 Uhr hier, ich erwarte Dich dann hier am Bahnhof. Bringe mir *keine* Strümpfe, nichts mit (nur Visitkarten und etwas Briefpapier), auch die Decke laß zu Haus. Sie ist für unsere Touren nicht praktisch und die Reise wird so kalt nicht werden. Du hast doch einen Überrock. Nimm nicht zuviel mit und nichts, was nicht sonntagmäßig ist. Aber packe die wenigen Sachen in meinen großen Koffer, ich schicke dann von hier Sachen darin nach Hamburg und hier habe ich zwei Mantelsäcke.

Wie gesagt, es wäre schön, wenn Du schon den 1. kämst, damit wir hier am Rhein noch einen ruhigen Tag haben. Aber am 2. komme wenigstens bestimmt.

Ich denke mir, Du bist etwa am 20. September wieder zu Haus, richte das also ein, wenn Du irgend etwas zu tun hast.

Ich freue mich riesig auf Dein Kommen und Du sollst Dich auch schon über manches freuen!

Herzlichen Gruß
Johannes

Solltest Du den 1. kommen, so mußt Du schreiben, weil Du nicht bei mir hereinkommen kannst!

Im folgenden Brief sucht Brahms dem Vater zu erklären, was wohl schon lange sein fester Entschluß geworden war: seinen bleibenden

Wohnsitz nach Wien zu verlegen. Am lästigsten war ihm offenbar der Umstand, daß so viele seiner Sachen, vor allem Bücher und Noten, für die er keine Unterbringungsmöglichkeit hatte, in Hamburg geblieben waren.

AN JOHANN JAKOB BRAHMS

[Wien, 30.] April 1869

Liebster Vater,
Wie lange schon will ich *gewiß morgen* schreiben und immer schiebe ich's wieder auf! Jetzt in Kürze, daß der Koffer angekommen ist; mein Pelz ist hier schon beim Kürschner. Fritz [Schnack] reist denn wohl bald? Ich wünsche von Herzen alles Gute und Schöne.
Braucht Ihr denn nicht zum 1. Mai Geld? Elise wird sich wohl melden, schreibe mir nur deutlich, was Du gebrauchst, da besorge ich es zusammen. Herr Rieter hat mir von Hamburg geschrieben, und daß Du meinst, ich wäre bald in der Schweiz, wovon ich selbst einstweilen nichts weiß.
Aber freilich, nach Hamburg komme ich den Sommer wohl nicht, die Reise ist gar so weit und mein Klavierspieler vis-á-vis triebe mich schnell weg. Als ich im Herbst hierherging, dachte ich nicht so lange zu bleiben – jetzt aber muß ich denken, wir verschwenden doch etwas viel Geld für meine Zimmer bei Euch!
Ich meine immer so gern, bei Dir zu Hause sein zu wollen – aber schließlich geht es doch eigentlich nicht. Dieser Lieblings-Idee zu Gefallen habe ich den Winter nun in einem Gasthof-Zimmer zugebracht. Bücher, Noten, alles entbehre ich, und will ich vernünftig denken, so sehe ich doch ein, daß ich sie in Hamburg nicht gebrauche. Ich muß mich doch entschließen, hier zu wohnen; ich muß mich endlich entschließen, meine Miete da zu bezahlen, wo ich wohnen will.
In Hamburg kann ich denn doch nicht mich niederlassen wollen, und wenn ich Euch kürzere oder längere Zeit besuche, so können wir dafür doch nicht das ganze Jahr zwei Zimmer halten. Wie ernstlich ich da schwankte, doch nach Hamburg, das heißt: nur zu Dir zu gehen, siehst Du ja am deutlichsten daraus, daß ich Dir den Winter all die Sachen über den Hals schickte.
Das hätte ich jetzt gern nicht getan und hätte lieber jetzt eine nette Wohnung und Du besuchtest mich hier.

Auch jetzt war ich immer stark in Versuchung, nach Hamburg zu gehen. Aber die Straßen- und Nachbarmusik lassen keine Ruhe und da eins wie das andere Geld kostet – so brauche ich ja nicht die Aussicht auf den Kamp.
Und sonst, und länger, was soll ich in Hamburg? Außer Dir, wen verlange ich noch zu sehen? U.s.w. Du weißt selbst sehr gut, wie nichts ich in jeder Beziehung dort habe.
Kurz, ich sehe endlich ein, daß ich irgendwo einigermaßen zu Hause sein muß und da meine ich, will ich mir's zum nächsten Herbst hier in Wien etwas gemütlicher machen.
Einstweilen könnt Ihr ja das Zimmer, wo mein Klavier steht, vermieten und meine Sachen im mittleren Zimmer zusammenhalten.
Daß ich Euch so viel Quängelei, so viel Unruhe mache, daß ich so manches Geld unnötig ausgebe, geschieht doch nur, weil mir der Entschluß so schwer wird, im Vaterhaus nicht ganz zu Hause zu sein. Aber was meinst Du dazu? Scheint es nicht Dir auch eine unnütze teure Doppel-Wirtschaft? Jetzt muß ich wohl nächstens von hier weg – weil ich doch eben nur im Gasthaus wohne. Wohin, weiß ich noch nicht bestimmt, eine Aufführung in Karlsruhe ist noch ungewiß. Ich schreibe nächstens wieder, einstweilen schreibe mir, was Du meinst und schreibe auch, ob Du und Elise Geld brauchst.
Von Karlsruhe nichts angekommen?

In herzlicher Liebe Euer Johannes

Grüße Marxsen sehr, immer will ich ihm schreiben.

Nach Ausbruch des Kriegs gegen Frankreich im Jahre 1870:

AN JOHANN JAKOB BRAHMS

[Salzburg,] 5. August 1870

Lieber Vater,
Ich war in München und hatte vor, nach Baden und im Herbst auch nach Hamburg zu gehen – da kam der Krieg dazwischen, mein Koffer kam nicht nach, ich nicht vorwärts.
Jetzt bin ich in Salzburg geblieben und warte begierig darauf, daß die Franzosen gute Schläge kriegen. Ich höre, daß in Hamburg auch viel Soldaten sind und alle Leute Einquartierung haben, die 300 Mark Miete bezahlen. Nun laß mich jedenfalls jetzt gleich hören, wie es Euch geht.

Wenn Ihr Geld gebraucht, was wohl anzunehmen ist, so schreibe es; ich kann es durch Faber trotz Krieg besorgen.
Mir ist in Wien die Direktion der Gesellschafts-Konzerte angetragen. Ich zweifle aber noch, daß ich gerade diese Stelle annehme. Du kannst denken, daß ich meine guten Gründe habe.
Du weißt wohl, daß Fritz [Brahms] in allernächster Zeit nach Hamburg kommt. Auch Elise hat es nur zufällig erfahren. Ob er nun in Hamburg bleiben will? Ich käme doch gern, nur wird es jetzt wohl fürs Erste nicht möglich sein.
Heute ist die erste Siegesnachricht gekommen.
Ob Ihr da oben wohl auch etwas erlebt? Ich möchte gar zu gern in Deutschland jetzt sein; man ist hier so draußen und es geht einen doch an. Kann man auch nicht mitschießen, so möchte man doch die Soldaten-Landsleute sehen und zuhause sein, wenn Sieg verkündet wird.
Wie sieht denn die Elbe aus?
Ist sie verschanzt und gegen französische Schiffe vorgesorgt?
Nun, gar so viel wirst Du mir nicht schreiben! Schreibe denn nur, was Euch angeht und ob Mutter sich von den Reise-Strapazen erholt hat und Du Deine Krankheit schon ganz vergessen.
Salzburg, poste restante.
Herzlichen Gruß auch an Fritz, wenn er kommt.

Euer Johannes

Eine der bedeutendsten und vornehmsten Künstlerpersönlichkeiten, mit denen Brahms zur Zeit seines Requiems in enge persönliche Beziehungen trat, war der schon erwähnte Hermann Levi, Kapellmeister am Hoftheater in Karlsruhe, der für viele Jahre als Dirigent sein bevorzugter Interpret wurde. Levi war auch als Komponist begabt und erfahren, und Brahms, immer um den Rat sachverständiger Freunde bemüht, obwohl er ihn dann selten befolgte, ließ ihn damals alles sehen, was er unter der Feder hatte.
Zur Zeit seines ersten Besuchs in Wien faßte Brahms ein leidenschaftliches Interesse für die zahlreichen ungedruckten Werke von Schubert, deren Manuskripte bei Wiener Verlegern und bei überlebenden Verwandten von Schubert herumlagen und um die sich niemand kümmerte. Er bemühte sich, seinen Verleger Rieter-Biedermann dafür zu interessieren.
Die ersten hier wiedergegebenen Briefe an Levi greifen an dieser Stelle um fünf Jahre zurück.

AN HERMANN LEVI

[Baden-Baden, Februar 1865]

Werter Freund,

Dieser Tage kommt Dir die Oper Fierrabras von Franz Schubert zu. Dieserhalb folgende Erläuterung. Rieter-Biedermann wird voraussichtlich einige größere Sachen von Schubert (Messen etc.) in Verlag nehmen, so auch vielleicht diese Oper.

Nun hätte ich gern gefragt, ob Du und Devrient wohl die Pietät und die Aufopferung hätten, die Oper in Bezug auf theatralische Aufführungen anzusehen. Könnte man den Text *einigermaßen leicht* ändern, Striche u. A. für die Darstellung anmerken? Würdet Ihr eine Aufführung wünschen?

Jedenfalls wird es Dich außerordentlich interessieren, das Werk zu sehen, und ich hoffe, es schlägt tiefer bei Dir und Deinem Direktor ein. Es wäre doch schade, wenn eine Aufführung möglich u. hierzu die herausgegebene Partitur nicht brauchbar.

Die ganze Sache ist eilig, schreibe wenigstens ein Wort.

Wie Du überhaupt längst hättest ein Wort schreiben können. Wenn nicht die gute Elise wäre, ich wüßte garnicht, daß Du lebtest, daß Du Dich dem Kontrapunkt ergeben hast und anderes. Wär's nicht so spät in der Nacht, ich erginge mich in Klagen u. läse den Text. Da sitzt Ihr in Eurem gemütlichen kleinen Nest und am Ende schimpft Ihr gar *auch* –?

Hätte ich nicht mein Logis [in Baden-Baden] gemietet und wartete nicht auf Frau Clara und wäre nicht ein so ordentlicher Mensch, der keine Extravaganzen treibt, ich hätte schon längst die Yburg wieder gesehen, und lange soll's auch nicht noch währen.

Doch genug, mein Zorn und die Schubertsche Oper über Euch. Schreib über diese und was ihre *Druck- und Aufführungs-Fähigkeit* angeht. Grüße David, Hauser, Lessing, Schrödter samt Frauen und Allgeyer und Dich.

Dein J. Brahms

Im nächsten Brief ist der mit Brahms befreundete Graphiker, Radierer und Kunstphotograph Julius Allgeyer erwähnt. Mit dem »Feuerstrom« ist der Maler Anselm Feuerbach, mit der »tristen Isolde« Wagners »Tristan und Isolde« gemeint. Die Oper wurde am 10. Juni 1865 in München uraufgeführt.

AN HERMANN LEVI

[undatiert; 1865]

Lieber Levi,
Ich denke, es wird Dir der Mühe des Aus- und Einpackens wert sein, wenn ich ein Stück Schubertscher Messe statt direkt an Rieter erst Dir zuschicke.
Indeß muß ich jetzt bitten es möglichst *gleich* weiter nach Winterthur (unfrankiert) zu spedieren, da durch Allgeyer die Geschichte schon einige Tage verzögert ist.
Ich habe das Stück Klavierauszug gemacht, das fehlte, und Du, der Du ein Klavier zuhaus hast, kannst diesen nebenbei ansehen, ob er bis auf Kleinigkeiten passieren kann, die bei der Revision zu ändern sind.
Frau Schrödter schrieb mir gestern um musikalische Verse, und ich darf wohl Dir die Mühe machen, ein Blatt für sie beizulegen?
Kommst Du nicht den *Feuerstrom* zu sehen? Gehen wir nicht die triste *Isolde* zu hören?
Grüße Frl. Elise und sei selbst herzlich gegrüßt.

J.B.

Levi hatte Brahms einige seiner Kompositionen gezeigt, und Brahms war in seinem Urteil von schonungsloser Aufrichtigkeit gewesen. Dem folgenden Brief von Brahms an Levi kann man entnehmen, daß dieser mit einiger Empfindlichkeit reagiert hatte.

AN HERMANN LEVI

[undatiert; 1866?]

Lieber Freund,
Diesmal erlaube ich mir mit einem Telegramm zu erwidern, trotzdem für so viel Freundliches es sich schickte, einen großen Bogen zu nehmen. Für Buch und Brief und Besorgung besten Dank. Wenn ich nicht dächte, wir sähen uns sehr bald wieder, würde ich jedenfalls jetzt ein Stündchen bloß und ganz an Dich schreiben. So aber verzeihe, wenn ich erst mündlich Dich bitten werde, so herzlich gut Gemeintes wie ich Dir sagte, nicht bitter zu nennen und zu nehmen, es auch nur schön und gut und freundlich wirken zu lassen. Sonst habe ich doch gar zu sehr recht, wenn ich oft bedenklich meine, einen Mann braucht man nicht zu versuchen biegen zu wollen, und Stillschweigen ist nur gar zu oft das Beste. Schreibe mir doch ja wie es mit

Deinem Bruder weiter geht. Sollen und wollen zwei Menschen zusammen, da fürchte ich nicht leicht.
Was Dir so bedenklich scheint, »sich hinzugeben ganz«, ist es mir gar nicht.
Doch ich kann und kann nicht, verzeihe. Ich komme eben von Zürich, und es liegt so vielerlei da, ich darf nicht. Ich schwatzte indes gern auch schriftlich des Weitern darüber und tue es, sobald ich irgend kann.
Kirchner läßt grüßen und ist der Alte. Rieter dito.
Sei vergnügt, sei vernünftig, laß Deine Flügel wieder wachsen, es gibt 7 Himmel (in den Compositeur-Himmel kommst Du nicht), fliege immer weiter links und werde Freischärler.

Ganz von Herzen
Dein J. B.

Der folgende Brief ist an den Musikschriftsteller Hermann Deiters gerichtet, der mit Eifer für die Brahmssche Musik eintrat. Die Alt-Rhapsodie, die Brahms hier ankündigt, erschien ein Jahr später.

AN HERMANN DEITERS

[September 1868]

Verehrter Freund,
Ich wünschte herzlich, Sie sähen Notensendungen als Briefe an; da würde ich mir nicht gar so oft Vorwürfe zu machen haben. Ich ließ Ihnen durch Simrock die »Rinaldo«-Partitur zugehen, und in einiger Zeit werden Sie von demselben eine Sammlung vierhändiger und vierstimmiger »Walzer« [Liebeslieder-Walzer] bekommen. Ich glaube, wer meine Musik überhaupt mag, wird diese mit einigem Behagen sehen.
Heute möchte ich zunächst bitten. Ich erinnere, bei Ihnen ein Heft Lieder von Reichardt (möglicherweise Zelter) gesehen zu haben, in dem ein Absatz aus Goethes Harzreise (»Aber abseits, wer ist's?«) stand. Könnten Sie mir das Heft auf kurze Zeit leihen?
Ich brauche kaum dazu zu schreiben, daß ich es eben komponiert, und gern die Arbeit meines Vorgängers sehen möchte.
Ich nenne mein Stück (für Altsolo, Männerchor und Orchester) »Rhapsodie«, glaube aber, daß ich diesen Titel auch schon meinem verehrten Vorredner zu danken habe.
Ich höre es dieser Tage in Karlsruhe, und wenn ich die etwas

intime Musik denn auch nicht drucken oder aufführen werde, so will ich sie Ihnen doch mitteilen.
Auch »Magelonen« [Fünfzehn Romanzen aus Tiecks »Magelone«] empfangen Sie dieser Zeit 3 Hefte.
Von Ihnen über derlei privatim oder durch die Zeitung zu hören, gehört zu meinen besondersten Freuden. Nur bin ich wohl zu sehr geneigt, sowohl den Widerspruch als leider auch den Dank für mich zu behalten.
Ihrer Familie geht's hoffentlich recht wohl, und grüße ich Sie alle herzlich.

Ihr ergebener
Joh. Brahms

AN HERMANN LEVI

[März 1869]

Lieber Levi,
Ich habe diese Woche 3 Konzerte, die nächste 4, und Abhaltung und Beschäftigung sonst!
Erwirke mir Verzeihung, wenn ich deshalb den mich ehrenden und erfreuenden Brief Deines Vereins-Vorstandes *Dir* beantworte.
Außerordentlich gern würde ich nach Karlsruhe kommen, das Requiem zu hören oder zu leiten. Mir scheint aus dem Brief hervorzugehen, daß Ihr mit dem Studium fertig seid. In der allernächsten Zeit haben Stockhausen und ich noch Konzerte, auch sonst hält mich manches.
Kurz, ich kann nur wiederholen, daß ich gern das Möglichste täte, um zu kommen, und jedenfalls bitte ich Dich, mir zu schreiben, wann die Aufführung angesetzt ist.
Einen besonderen Zuhörer wünschte ich mir in Prof. Lübke – von dem in der heutigen Neuen Freien Presse ein Aufsatz über die »Meistersinger« steht.
Über die sogenannte Bachsche Passion indessen schrieb ich an Allgeyer und kann heute nur wiederholen, daß ich in ihr keinen Takt finde, der in ein anderes Bachsches Werk passen würde – umgekehrt finde ich im ganzen Bach keinen Takt, den ich hier hinein legen könnte.
Was den äußeren Beweis der Handschrift betrifft, so meine ich, daß diese sich leicht ähnlich findet bei gleichzeitig Lebenden – dagegen im Leben des Einzelnen sich gewiß verändert. Außerdem ist der Beweis leicht zu führen, daß besagte Passion von

keinem Kind ist, und wenn unser Bach sie ja geschrieben haben sollte, so müßte es gewesen sein, als er noch die Bettwäsche näßte. Doch ich muß aufhören.
Empfiehl mich angelegentlich Deinem Vorstand, dem ich sehr dankbar für die Einladung bin. Läßt sich's irgend machen, so komme ich.
Grüße Allgeyer, wen du sonst willst, und sei selbst herzlich gegrüßt von

Deinem J. Brahms

Der hier erwähnte Brief an Julius Allgeyer enthält mehr über die damals zum Vorschein gekommene, zunächst Bach zugeschriebene Lukas-Passion:

AN JULIUS ALLGEYER

27. Februar [1869]

Lieber Freund,
Ich schulde Dir noch meinen Dank, vor allem für Deinen lieben – und sehr schönen Brief. Jetzt kommt noch einer von Levi, und ich stecke in einem Konzert-Trubel, daß ich doch nicht, wie ich möchte, eine neue Feder schneiden kann und auf alles gemütlich antworten.
So denn vor allem das Nötige, und es darf vielleicht gleich einstweilen Levi mitgelten.
Über meine Sachen will ich Euch denn beruhigen. Ich vermißte immer Hölderlin, aber da Du die Kirchenlieder nennst, die ich habe, so hat Jener sich sonst verkrochen.
Von Frau Schumann habe ich freilich seinerzeit nur einen Koffer bekommen. Doch genug.
Die Lukas-Passion habe ich sehr wenig [und] eilig angesehen. Mehr will ich aber auch nicht.
Wenn nun freilich die Echtheit eines Bachschen Manuskripts unzweifelhaft erwiesen ist, so sollte es unter allen Umständen gedruckt werden.
Daß diese Passion eins ist, kann man mir nun keinesfalls beweisen, und ich möchte keine Hand rühren, daß sie mit seinem Namen erschiene. Jetzt beim Schreiben merke ich, daß ich sie weitaus genug angesehen habe. Jede beliebige Seite darin genügt ja vollständig – um an *Bach* nicht zu denken. Wohin freilich damit, weiß ich nicht recht. So schauerlich sie oft schreiben, mag ich doch keinem seiner Vorgänger und Zeitge-

nossen – deren Namen wir noch kennen – die Schande antun, sie ihm zuzuschreiben.
Steht denn sein Name auf dem Titelblatt? Sonst schiene mir, daß seine Handschrift nichts beweist. Denn der Bach, der dies geschrieben haben sollte, müßte denn doch eine andere führen als unser Mann. Aber von einem Kind ist sie auch nicht, und die sich ewig wiederholenden fehlerhaften Stimmführungen, schlechten Deklamationen, unlogischen Modulationen in den Rez[itativen], das alles sagt so deutlich, daß Bach es niemals hat schreiben können; zufällig hat ein Esel die gleiche Handschrift, was ist denn weiter daran.
Wozu aber Levi seinen Chor damit malträtieren will, weiß ich nicht.
Aber ich schreibe ja überhaupt an Levi! Deinen Brief kann ich doch nur mit Lust lesen, aber Levi fragt noch mancherlei.
Nach Holland gehe ich nicht, es wäre aber merkwürdig, wenn ich in Karlsruhe mein Requiem hörte oder dirigierte, der einzigen Stadt, wo das letztere entschieden nicht nötig wäre, und notabene die einzige, wo Zuhören ein Vergnügen sein wird! Und in Basel, Hamburg, Köln, Leipzig schreibe ich ab und lasse alles über mein armes Werk ergehen.
Den Artikel in der Augsb[urger] Allg[emeinen] habe ich mit großer Freude gelesen, sogar auf Dich als den Schreiber geraten. Es fehlte mir nur der letzte, weichste Flaum (wie ihn etwa Eure neue Sopranistin auf ihren Wangen hat).
Stockhausen wohnt wie ich: Hotel Kronprinz an der Aspernbrücke. Auch Hiller wird nächster Tage hier wohnen.
Doch wirklich, es ist ein Freundschaftsstück, daß ich so lang geschrieben. Laßt die Adresse gütigst für zwei gelten, antwortet also auch Beide.

Mit herzlichem Gruß
J. Brahms

Brahms war durch Jahre ernsthaft darum bemüht, einen Operntext zu finden. Sein folgender Brief an Levi handelt von einem Textentwurf, dessen Gegenstand die Undinensage war.

AN HERMANN LEVI

[Baden-Baden, August 1871]

Lieber Freund,
Ein flüchtiges Wort, damit ich nicht gar so undankbar scheine. Tröste ich mich zwar lachend damit, daß diesmal die Mühe und das Interesse mehr dem Dichter als dem Musiker gegolten, so muß ich doch auch Dank sagen, wenn Du bei gemeinschaftlicher Erfindung des Schlusses – der gewiß oft nicht fertig wurde und viel Arbeit verlangte – nebenbei an mich gedacht hast.
Ich weiß nun wirklich nicht, ob ich diese wonnevoll-schwere dichterische Geburt ernstlich und nüchtern ansehen darf? Wichtiger einstweilen als Deine Bedenken wären mir in diesem Fall – Deine Gründe für diesen Stoff und diese Bearbeitung.
Da Du den Text länger zu kennen scheinst, so habe ich mich u. a. gewundert, daß er noch 5 Akte hat (statt 3). Warum heißt sie nicht Melusine, unter welchem Namen diese Sage doch am populärsten?
Grillparzers Melusine kennt Ihr wohl nicht? Nach meiner Erinnerung ist namentlich die Begegnung des Paares und was sie einleitet für unseren Dichter beachtenswert. Von Wallishauser in Wien kannst Du für einige Kreuzer Grillp[arzer]'s Buch haben.
Kurz, soll die Sache für mich auch ihre ernste Seite haben, so lobe mir die Sache einmal; ich werde der aufmerksamste Leser sein.
Deine Schwester ist von hier fort – was mir zunächst nicht gefällt. Du wirst immer unterrichtet sein, und ich wünsche das Beste.
Dir geht es hoffentlich gut, und läufst Du wieder tüchtig. Recht herzlichen Gruß, und verzeihe, daß die Feder so Eile hat.

Dein J. Brahms

Nicht lange darauf kam Levi mit einem neuen Opernstoff, ›Sulamith‹.

AN HERMANN LEVI

[undatiert; Januar 1872]

Lieber Freund,
Es ist mir einigermaßen bedenklich, den Brief zu beginnen. Also reden wir von was Anderm! Sage z. B. Allgeyer, daß er mir die größte Freude gemacht hat mit den Feuerbachs; ich habe sie

gradezu nötig, denn alleweil tote Musiker spielen mag ich nicht, und hernach ist er der Beste oder der Einzige.
Dann könnte ich noch bemerken, daß ich unter Geigen das vollständige Quartett verstehe, und daß ich recht sehr wünschte, der Kopist hätte mehr Zeit. Es geht langsam [mit dem Orchestermaterial zum ›Triumphlied‹], und ich hätte gern, er kopierte auch (aber rasch) die Partitur, und ich kriegte sie bald. Meinetwegen Satz für Satz.
Nun könnte ich es mir eigentlich bequem machen und Dich bitten – da vor allem der Text doch nicht fertig – mir seine Vorzüge auseinanderzusetzen.
Ich habe nach Deinem Brief natürlich sofort an die Bibel gedacht, an das Buch der Könige, »die Makkabäer«, Saul und was mir sonst daraus an dram. Stoffen auffiel. Der Titel war mir dann freilich eine große Enttäuschung. Mit den armen Liebesliedern hat man viel experimentiert; es gibt auch bereits eine Oper darüber! Du gingst vielleicht ohne Vorurteil daran, aber ist Dir denn sofort das Drama plausibel erschienen? Oder hast Du Dich nicht etwa nur in die neue Übersetzung hineingelesen, Dich für diese interessiert und etwa gar auch noch für neuere Untersuchungen, die möglicherweise dem Buchstaben nach ein Drama erlauben?
Ich weiß nicht, was mir am 1sten Akt noch abgeht, aber einstweilen empfinde ich noch, daß man aus einem Duo für 2 Flöten doch keine Sinfonie machen kann.
Daß die Personen möglichst mit Bibelworten reden, hatte das nicht doch auch bei Dir etwa den Reiz der Neuheit, des Suchens und Findens? Ich kenne das und habe z. B. gerade einen Oratorientext da, der aus lauter naturgetreuen Zitaten zusammengesetzt ist. Scheint Dir nun z. B. die Szene zwischen Salomo und Sulamith im 1sten Akt komponierbar und darstellbar? NB. für lebendige Menschen und auf unserem weltlichen Theater?
Ich kenne nun Deine Meinung über mich und Operntexte für mich, und wenn ich auch hoffe, Du nimmst es mit der »Streichung« nicht gar zu scharf, so – habe ich doch kein Behagen und wünschte, ich dürfte Dir morgen Recht geben und mich einen Esel heißen.
Aber sehr laut darf ich nochmals betonen, daß mir der ganze 3te Akt fehlt, und da das denn nun jedenfalls absonderlich ist, in ein Liebesgedicht ein Drama hineinzwängen zu wollen, und

ebenso besonders ist, unsere Sängerinnen, wenn ein König ihnen auf den Leib rückt, mit Bibelstellen sich verteidigen zu lassen – so darfst Du eben einen Brief daran wenden!
Im übrigen bin ich schon längst sehr eilig. Ich hoffe Du schreibst jedenfalls, aber auch über *Salomo*! Der 3te Akt fehlt wirklich empfindlich. Für heute noch beste Grüße auch an Allgeyer und wer sonst will.

Herzlich Dein Joh. Brahms

Brahms war, was den Text für ein großes Werk anbelangt, ebenso kritisch wachsam wie seiner Musik gegenüber. Daß er es damals und schon früher mit seinen Opernplänen ernst meinte, kann man dem folgenden Brief an Clara Schumann entnehmen. An sie, die geliebte Freundin, schreibt er wohl auch einmal einen Plauderbrief. Er berichtet hier von einer Wiener Aufführung von Schumanns Oratorium ›Das Paradies und die Peri‹.

AN CLARA SCHUMANN

Wien, den 28. März 1870

Liebe Clara,
Der Dank für Deinen lieben Brief hätte längst kommen dürfen. Lachen muß ich, daß trotzdem noch nicht Deine Sorge für ein warmes Zimmer überflüssig geworden ist. Nebenbei, ich habe zwei große Öfen, aber meine Zimmer liegen nach Norden und heizen sich schwer. Der Winter ist diesmal so hartnäckig, wie es die guten Wiener nicht gewohnt sind. Alles, was zum Winter gehört, haben wir in reichlichstem Maße. Der Schnee liegt so hoch wie selten, und – Konzerte sind so durchaus täglich, wie ich es sonst nie gemerkt habe. Die Peri-Aufführung war durchaus sehr mittelmäßig. Chor und Orchester waren höchst bedenklich und die Soli, mit Ausnahme von Frau Dustmann und Frl. Burenne, ganz ungenügend. Dazu kam der große Saal (den ich dem Werk nicht wünsche) und das Tageslicht, das neben den bunten Wand- und Deckenfarben in mir wenigstens keine gehörige Stimmung aufkommen ließ.
Herbeck hat jetzt noch 4 große Orchesterkonzerte! Bis jetzt aber den Winter eigentlich keinen Erfolg gehabt. Bei Gelegenheit der Peri und sonst sind die kleineren Blätter denn auch dreist genug, ihm Schuld zu geben und ihn anzugreifen. Die großen hat er einstweilen noch in der Hand, und ich glaube auch nicht, daß sich das so bald ändert.

Die »Meistersinger« mußten 5mal an- und abgesetzt werden. Jetzt aber machen die Wiederholungen ebensoviel Umstände. Schon das natürlich hindert das Publikum, in Enthusiasmus zu kommen, denn dazu gehört ein gewisser Trab. Ich finde das Publikum viel teilnahmsloser, als ich irgend erwartete. Ich schwärme nicht – weder für dies Werk, noch sonst für Wagner. Doch höre ich mir's so aufmerksam wie möglich an, d. h. so oft – ich's aushalten kann. Freilich reizt es, recht viel darüber zu schwatzen. Ich freue mich jedoch, daß ich nicht nötig habe, alles deutlich und laut zu sagen etc. etc.
Das weiß ich: in allem andern, was ich versuche, trete ich Vorgängern auf die Hacken, die mich genieren. Wagner würde mich durchaus nicht genieren, mit größter Lust an eine Oper zu gehen. Diese Oper übrigens kommt bei meinen vielen Wünschen z. B. noch vor der Musikdirektor-Stelle.
Kürzlich war ich in Klosterneuburg, was mit dem Frühling öfter vorkommen wird. Es ist das eines der reichsten geistlichen Stifte, und ich wollte, Du könntest einmal solche Wirtschaft sehn.
Zu tun haben die geistlichen Herren ganz und gar nichts, wenn sie zu Haus sind. Es sind, glaube ich, ihrer 60, davon haben – doch nach freier Wahl, etwa 20 hier in der Umgegend die reichsten Pfarren einzunehmen (Hietzing z. B. mit 5-6000 fl.), andere 20 verwalten die riesigen Güter in Ungarn etc., und der Rest bleibt zu Haus in obengenannter Tätigkeit. Ein eigentliches Kloster, z. B. Einsiedeln in der Schweiz, ist immer interessanter. Hier läßt das Faulenzer- und Schlemmerleben – wie die Herren ganz offen und gemütlich erzählen, sie bald aufhören, irgendwas zu denken oder zu tun. Sie fahren zur Abwechslung nach Wien, wo sie ein Haus haben; ihr geistliches Gewand dürfen sie aber draußen lassen! NB! wenn sie müde sind, ziehen sie es wieder an.
Für unsereinen nun aber ist's eine liebliche Abwechslung. Das Stift liegt wunderschön an der Donau, und die Säle, wo man wohnt, der Wein, den man trinkt, überhaupt die ganze Gastfreundschaft ist musterhaft. – Sobald der Frühling etwas mehr sich blicken läßt, will ich auch hinaus, ich kenne doch sehr wenig Österreich.
Eines solltest Du Dir auch vornehmen: nach Oberammergau zum Passionsfest zu fahren. Vielleicht, wenn Du in Karlsbad (oder wo?) fertig bist. Du weißt, daß diese Spiele sich nur alle 10

Jahre wiederholen. Soviel ich weiß, hast Du sie nicht gesehen – aber gewiß oft mit Schwärmerei davon reden hören.
Personalia wollen mir keine einfallen. Den Abend bin ich bei Anna Franz.
Osers sind immer in Baden, Du weißt, daß das Kind im Sterben.
O Wunder, von Kirchner sind Klavier-Skizzen und ein Adagio erschienen. Mir noch nicht zugekommen.
Für heute lebe wohl, gehe es Dir sonst gut und mit der Hand besser. Grüße Marie und behalte lieb

Deinen Johannes

AN CLARA SCHUMANN

Wien, Ostermontag, April 1872

Meine geliebte Clara,
Feste verlebe ich immer recht einsam, ganz allein, mit wenigen Teuren auf meinem Zimmer und sehr ruhig – wasmaßen die Meinigen ja tot oder fern sind. Wie wohl ist mir dann, wenn ich wollüstig empfinde, wie die Liebe eine Menschenbrust ausfüllt. Ich bin ja abhängig von der Außenwelt; der Wirrwarr, in dem man lebt – ich lache nicht dazu, ich lüge nicht mit – aber es ist, als ob das Beste sich verschließen könnte und nur der halbe Mensch noch träumend fortginge.
Wie glücklich bist Du, oder sage ich wie schön, wie gut, wie recht. Ich meine, Du trägst Dein Herz als viel sicheren Besitz – wir müssen es alle Augenblicke verstecken. Du siehst alles so warm und so schön ruhig – so recht aus Dir heraus an, und gibst denn auch ruhig jedem, was ihm gebührt.– Das klingt alles so dumm, und ich kann's auch nicht sagen, höchstens noch dümmer von Lilien und Engeln reden – und dann auf Dich und Dein Gemüt kommen.
Um aber auf die Erde hinabzusteigen, auf die meine Feder gehört: ich las neulich Deine erste Briefseite und wußte absolut nicht, wo mir der Kopf stand. Ich hatte nämlich mit keinem Gedanken an Stuttgart gedacht, auch kam ich nicht darauf! Zufällig war aber ein Brief von Lübke mitgekommen, und dann sah ich mir auf Deinem Kuvert die Wanderung an, die der Brief gemacht. Das Requiem soll dort übrigens sehr gut gegangen sein und ganz ausnahmsweise Einnahme gebracht haben. Ebenso in München, und von Breslau schreibt mir Scholz ganz begeistert über R. und Schicksalslied.

Ich habe den Winter über ganz energisch kontrapunktische Studien gemacht! Wozu? Meine schönen Sachen mir besser heruntermachen zu können, dazu war's nicht nötig. Professor an der Hochschule zu werden, auch nicht. Besser Notenschreiben lernen – auch das hoffe ich nicht. Aber etwas tragisch ist es doch, wenn man gar schließlich klüger wird, als man's brauchen kann.

Du weißt nun gar nicht und hast auch, wie mir scheint, kein Verständnis, kein Interesse dafür, wie konfus es bei uns aussieht! (Ich rede oder denke nicht an Wagner).

Große Freude hatte ich, daß Felix Dir so große gemacht!

Über die Serenade [Serenade Nr. 2, A-Dur] laß nur ins grüne Buch schreiben, was Du meinst, mehr weiß ich auch nicht. Zuerst aufgeführt wurde sie unter Joachim in Hannover. Du aber erinnerst unsre private allererste, wozu Grimm, Bargiel, ich die Stimmen schrieben, und Harzer Musikanten bei Ritmüller herumlagen.

Hoffentlich genießen wir das Grünen und Blühen in Baden zusammen. Aber ich höre nicht, ob Du und Joachim denn zugesagt haben für Karlsruhe!

Recht von Herzen grüße ich Dich. Und grüße auch Marie, Joachim und Deine freundlichen Wirte.

Ganz Dein Johannes

Ein schwerer Schlag für Brahms war der Tod seines Vaters. Alarmierende Nachrichten der Stiefmutter veranlaßten ihn, nach Hamburg zu fahren, um den Vater zu betreuen. Sein Zustand war hoffnungslos. Brahms schreibt an einen Freund in Dessau:

AN ADOLF SCHUBRING

[Hamburg,] 11. Februar 1872

Lieber Freund,

Schon all die Zeit drängt es mich, Dir einen Gruß und eine Nachricht zu senden. Mein Vater hatte Dich so lieb, und jetzt – seit mehr als acht Tagen, sehe und höre ich ihn sterben. Du kennst seine gesunde Natur, seinen kräftigen Körper, er wehrt sich lang gegen den Tod.

Zum Glück traf ich ihn noch weniger schwach bei meinem Kommen, und bis jetzt, wo wir stündlich das Abscheiden erwarten, empfand er wenigstens die Liebe, die ihn umgab,

hörte, wenn man zu ihm sprach, und erwiderte, selbst mit seiner gewohnten Launigkeit.
Er litt seit längerem an der Leber, jetzt heißt es Leberkrebs, und da läßt der Arzt keine Hoffnung.
Unterdes, den Nachmittag 3 Uhr, ist mein guter Vater gestorben. Nur 66 Jahre ist er alt geworden, und ich könnte Dir viel vorklagen, wie glückliche Jahre er noch hätte leben können.
Gerade hier kommt der Tod zu früh, denn das lange Leben durch hat der brave Mann nichts als Mühe und Arbeit – und auch wohl Schlimmeres gehabt, jetzt ruhte er so schön und behaglich schon hier auf der Erde aus usw.
Außerdem auch kannst Du mir glauben, wieviel ich mich heruntermache, gegen Dich im Briefschreiben nicht fleißiger als gegen andere zu sein. Gute Vorsätze sind der gepflasterte Weg zur Hölle – sonst würde ich viel versprechen!
Auch liegt der Text Deines Bruders [zu einem Oratorium] sehr gut aufbewahrt bei mir. Ob ich Dir eigentlich schrieb, daß und warum ich ihn nicht durchaus praktisch halte? Und soll ich ihn schicken? Und mit brieflicher Beilage von anständiger Länge?
Lieber Freund, sei gut und laß Dir meine Wiener Adresse sagen:

Wien IV. Karlsgasse 4.

Hier bleibe ich noch einige Tage, Anscharsplatz 1.
Deiner Familie geht's hoffentlich gut, und so sei von Herzen gegrüßt.

Dein Joh. Brahms

Seit dem Tode des Vaters kam Brahms selten mehr in die Heimatstadt; aber er hielt den Kontakt mit der Stiefmutter immer aufrecht und unterstützte sie und ihren Sohn aus erster Ehe regelmäßig und großzügig.

AN KAROLINE BRAHMS

[Wien,] 4. März 1872

Meine liebe Mutter, schon manchmal habe ich das Papier vor mir liegen gehabt, um Dir zu schreiben. Dann habe ich wohl sehr herzlich an Dich gedacht, und immer weiter zurückgedacht – es wollte nicht auf das Papier und Tröstendes garnichts.
Ich kann auch jetzt nicht versuchen, Dich trösten zu wollen, ich weiß zu sehr, was wir verloren haben und wie einsam Dein

Leben geworden ist. Doch hoffe ich, Du empfindest recht innig und doppelt die Liebe Andrer, Deines Sohnes, Deiner vortrefflichen Schwester und ihrer Kinder und schließlich meine Liebe, die Dir ganz und voll gehört.
Hier habe ich so viele Zeichen der Teilnahme gefunden, daß Du Dich gefreut hättest zu sehen, wie wert Vater jedem war, der ihn gekannt.
Einen Grabstein habe ich nicht bestellt und da ich denn doch nicht weiß, wann ich nach Hamburg komme, so tue nur, was Du willst und suche ihn etwa mit der Schwester aus.
Was denkst Du für eine Aufschrift machen zu lassen? Nur Namen und Datum?
Es freut mich, daß die Sache beim Notar in Ordnung. Fritz, der Dir seinen Anteil geschenkt, ist doch Fr. Brahms? So hättest Du ja nur 200 Mark an Elise zu bezahlen? Du siehst also, daß die Sache sehr gut beendet. Nun wechsle doch fürs Erste keine Papiere ein.
Wir können es ja noch überlegen.
Wann wird das amerikanische Papier ausbezahlt?
Ich will Dir heute noch 100 Taler (vielleicht eine Anweisung) schicken. Davon kannst Du einstweilen Elise ihren Anteil geben. Darf ich Dich dann bitten, mir zu rechter Zeit zu schreiben, wann und wieviel Geld ich Dir schicken soll? Nur einfach die Summe, die Du nötig hast. Dazu rechne ich aber natürlich außer dem, was Du für Dich gebrauchst, die Begräbniskosten, den Arzt, den Grabstein, Elisens 200 Mark etc. etc. Es wäre mir sehr lieb und ich wäre Dir sehr dankbar, wenn es Dich nicht genierte, bloß die Zahl hinzuschreiben. Ich kann ja mit dem besten Willen nicht wissen, was in solchen Ausnahmefällen ausgegeben wird.
Fritz [Schnack] macht Dir hoffentlich bald die Freude, sich nach Pinneberg transportieren zu lassen. Freilich, noch einsamer wird das Haus, aber Du kannst dann doch Erholung für ihn hoffen und wirst auch den Frühling hinübergehen. Ist Dir es jetzt auch wohl traurig im Wald, die schöne Luft wird Dir doch wohltun und etwas lindern, was freilich nur die Zeit heilen kann.
Siehe doch, daß Du über den Brief von Schumann an Vater und über das Schreiben von Klaus Groth etwas erfährst.
In Pinneberg sind die Sachen wohl nicht?
Nun sei denn recht von Herzen gegrüßt und wie Du gewiß

glaubst, daß ich meinen Vater geliebt habe, so glaube nun, daß ich immer und allezeit Dir in treuer und dankbarer Liebe angehören werde.

Dein Johannes

AN KAROLINE BRAHMS

[Wien, 9.] April 1872

Liebe Mutter, ich habe so lange nichts von Dir gehört – freilich auch so lange nichts hören lassen, aber jetzt, da die schönen Frühlingstage kommen, möchte ich doch gerne hören, ob sie Dir wohltun und Du sie auch genießt und auf Dich wirken läßt. Tröstend sind sie doch einem traurigen Gemüt, wenn man sie gleich mit Tränen begrüßt.

Auch von Deinem Fritz möchte ich wissen, ob Ihr wohl daran denken könnt, ihn bald in Pinneberg zu haben. Ist er erst draußen und fährt im Wald herum, da wird ihn der Duft und die frischen Farben wohl froher und gesunder machen, als zu Haus aller Portwein und Braten. Du gehst hoffentlich jedenfalls für einige Zeit mit und Deine gute Schwester sorgt eine Weile für die Logierten.

Von mir sage ich dann den herzlichsten Gruß und wie oft ich und mit welcher Liebe ich Eurer denke.

Was mich nun angeht, ich weiß noch nicht bestimmt, doch muß ich vermutlich, etwa zu Pfingsten, nach Karlsruhe und werde dann wohl den Sommer in Baden bleiben. Nächsten Winter muß ich hier Kapellmeister sein. Und wenn oder wann Du die Bücher los sein willst, schreibe es nur.

Von selbst scheine ich nicht zum Entschluß kommen zu können.

Euer Bild hängt vor meinem Schreibtisch und oft, wenn ich auf- und es ansehe, vergesse ich, woran ich denken wollte beim Aufsehen. Ich habe es erst nicht recht wollen, weil Vater nicht mehr so gesund darauf aussieht, jetzt ist es mir sehr lieb geworden.

Zum Mai mußt Du wohl Miete bezahlen und was sonst alles. Magst Du mir nicht einfach die Summe schreiben, die Du gebrauchst, und wann?

Ich kann den Augenblick und so viel Du willst schicken, da ich gerade gut beschlagen bin.

Von Groth habe ich öfter die Zeit gehört und sehr freundlich und teilnahmsvoll. Nun lasse mich aber erfahren, wie es Dir geht, Deinem Fritz und den Pinnebergern. Die Wohnung denkst Du wohl einstweilen zu behalten? Richte ja alles ein, wie es Dir lieb und bequem ist. Hast Du schon einen Grabstein besorgt und den Totengräber bestellt, daß er sonst für die Pflege des Grabes sorgt?

Recht herzlichen Gruß von Deinem dankbaren Johannes

Eine Verstimmung zwischen Brahms und Joachim wurde durch eine Angelegenheit verursacht, in der die Schuld wohl bei Brahms lag. Er hatte sich allzu zögernd und mißverständlich einer Anregung gegenüber verhalten, sich als Komponist an einer für August 1873 vorgesehenen Schumann-Gedenkfeier in Bonn zu beteiligen.
Brahms schrieb an den Vorsitzenden des Bonner Komitees:

AN FRIEDRICH HEIMSOETH

[Wien,] Januar 1873

Geehrtester Herr!
Ich darf meine Antwort auf Ihren werten Brief nicht länger aufschieben und muß mich entschließen, Ihnen zu bekennen, daß ich keine Möglichkeit sehe, mich in dem gewünschten Sinne bei Ihrer Feier zu beteiligen.
Mein Grund geht nun wohl so sehr nur mich an, daß ich vorher oder nebenbei sagen möchte: ich weiß oder finde durchaus keine passenden Worte. Käme mir jetzt ein Gedicht vor wie Hölderlins »Schicksalslied«, ich weiß nicht, wie weit es mich trotz meiner Bedenken reizen würde. Eigens für diesen Zweck einen Text machen zu lassen, halte ich nicht für möglich, und mir scheint, aus Ihrem Brief klingt dieselbe Meinung.
Falls Sie mir nun hier nicht zu helfen wüßten, könnte ich freilich meinen eigentlichen Grund verschweigen – denn diesen sage ich wohl schwerlich in der Kürze klar. Es will mir eben nicht in den Kopf: wozu ich da das Wort nehme, wo er es führen soll, der meine Sprache besser spricht? Oder wenn Sie wollen, wozu überhaupt ein anderer redet als der, dessen Gedächtnis Sie feiern.
Dasselbe Bedenken hatte ich wohl, als Joachim mir im Laufe des Sommers von Ihrer Absicht sagte, mein »Requiem« bei jener Gelegenheit zu machen. Damals konnte ich es, als mich nicht angehend, für mich behalten. Wollte ich aber jetzt ein eigenes Stück für den Tag schreiben, so würden dieselben

Bedenken stärker kommen, mich angehen und mich abhalten.
Alles übrige darf ich wohl ungesagt lassen. *Das Andenken Schumanns ist mir heilig.* Der edle, reine Künstler bleibt mir stets ein Vorbild, und schwerlich werde ich je einen bessern Menschen lieben dürfen – hoffentlich auch nie ein schreckliches Schicksal in so schauerliche Nähe treten sehen – so mitempfinden müssen.
Als selbstverständlich haben Sie also natürlich angenommen, wie ernstlich ich Ihre Frage erwogen. Gern wüßte ich nun, ob Sie mir vielleicht im Grund recht gäben. Für Widerspruch würde ich freilich am leichtesten empfänglich durch Textesworte, die mich meine Skrupel vergessen lassen könnten.

Mit ausgezeichneter Hochachtung Ihr sehr ergebener
Johs. Brahms

AN JOSEPH JOACHIM

[Wien,] 3. April 1873

Lieber Freund,
Dein Brief kommt soeben und ich setze mich den Augenblick.
Ich habe nie viel Respekt vor Komitees gehabt, diesen Winter habe ich die Gattung genauer studieren können und muß nun bekennen, daß Dein Bonner Komitee ein ausgezeichnetes Exemplar ist.
Sie widersprechen nicht, aber bist Du nicht sehr eigensinnig, so bringen sie mit Lügen und Aufschieben ihren Willen durch.
Ich habe den Antrag, ein neues Stück für jenen Zweck zu schreiben, abgelehnt. Ich meine, Anfang Januar an Heimsoeth geschrieben zu haben – seitdem habe ich *kein Wort* gehört!
Es ist mir klar, daß die Direktion anders in der Programmfrage denkt als Du; wenn Wasielewski aber am 17ten März noch von schwebenden Unterhandlungen mit mir schreibt, so ist das keine ehrliche Manier, ihren Willen durchzusetzen.
Ich hätte freilich sogar eine Antwort von Heimsoeth erwarten dürfen, denn wenn ich auch durchaus ablehnte, so wünschte ich doch höflich seine Meinung und etwaige Billigung meiner Ansicht, meiner Gründe zu hören.
Genau so verfuhr jetzt gerade meine Direktion mit den Ausstellungskonzerten – von denen ich aber kontraktlich frei bin, also einfach die ganze Sache zurückschieben kann.

Weshalb Du mein Requiem dort aufzuführen wünschst, – doch – ich kann ja doch meine Gründe dagegen nicht sagen – also weiter.
Weshalb ich aber nicht gern einen expressen Prolog halten möchte, brauche ich Dir erst recht nicht zu sagen – beim Komitee wäre es aber vergeblich, weshalb ich auch vor allem betonte, daß ich durchaus keinen passenden Text wisse.
Herr Ad. Behrens aus London hat mir kürzlich sehr freundlich geschrieben und dazu ein seltenes Buch geschickt. Leider erfahre ich aber aus dem Brief seine Adresse nicht, ihm danken zu können. Willst Du nicht übernehmen, ihm zu sagen, wie mich dies Zeichen (usw.) von Herzen erfreut hat und ich ihm verpflichtet bin.
Deine Frau hat uns leider zum Saul im Stich gelassen!
Ihr Worthalten hätte mir aber gar gefährlich werden können! Denn wir mußten unser Konzert zurückschieben und Deine Frau hätte alsdann doch nicht rechtzeitig kommen können!
Mit meinem Winter und meinem Amt konnte ich zufrieden sein, und vor allem hat mir neulich die Osterkantate von Bach große Freude gemacht.
Also mit Deinem Komitee sei vorsichtig und nach Umständen grob, jedenfalls eigensinnig; ich bin den Winter auf die Weise recht gut durchgekommen.

Herzlichen Gruß!
Dein J. Br.

Mit den Ausstellungskonzerten meint Brahms Veranstaltungen zur Wiener Weltausstellung 1873.
Amalie Joachim war als Solistin für eine Aufführung von Händels Oratorium ›Saul‹ vorgesehen gewesen.
Joachim berichtet, daß das Requiem am ersten Abend der Schumann-Feier zur Aufführung gelangen solle.

AN JOSEPH JOACHIM

[Wien, Ende April 1873]

Lieber Freund,
Ich komme eben von Graz und denke noch heute nach München zu fahren, also nur eiligst zwei Worte. Wasielewskis letzter Vorschlag scheint mir der beste, und dabei würde ich es lassen. Der Chor wird freilich sehr angestrengt: mir ist nicht klar, wie das alles geleistet werden soll.

Über meine etwaige Direktion des Requiems weiß ich nun wirklich nichts Rechtes zu sagen. Ich sehe keinen Grund, warum ich es nicht dirigieren soll –, aber durchaus keinen, warum Du es nicht sollst. Nach diesem Abzug bliebe Dir als eigentlicher Festleiter übrigens doch zu wenig.
Vielleicht gibt hier das Komitee den Ausschlag, indem es Deine Direktion wünscht oder, da ich im Umgang mit Komitees vorsichtig bin, sich mit mir nicht einigt. Wie gesagt, ich weiß nichts eigentliches zu sagen, und treibt Dich irgendein Gefühl, so tue danach.
Nun blieben die Variationen für zwei Klaviere [von Schumann] vielleicht besser weg, *falls* ich nicht dirigiere?
Briefe kommen wohl am besten durch Levi, München, mir zu; ich weiß nicht, wohin mich der Wind weht.
Recht herzlichen Gruß auch Deiner Frau und sonst weiter.

Dein Johannes

AN JOSEPH JOACHIM

[Tutzing, Ende] Juni 1873

Lieber Joachim,
Aus den Zeitungen erfahre ich, daß mein Requiem in Bonn nicht gemacht wird; noch ungerner höre ich, Du berufst Dich auf einen Brief von mir, dies zu motivieren.
Ich soll diplomatisch geschrieben haben und es soll nicht klar sein, ob mir mit der Aufführung ein Gefalle geschehe.
Gab mein Brief wirklich Anlaß, so wäre es mir natürlich lieb gewesen, Du hättest dies einfach mir geschrieben oder eine zweite Frage daran gewandt, denn auf die gestellte glaube ich deutlich geantwortet zu haben. Einem Menschen, der nicht gern antwortet und auseinandersetzt, wird sonst gar Vieles angehängt. Diplomatisch soll ich geschrieben haben? *Geschwiegen* freilich habe ich und wo ich viel auf dem Herzen hatte – über die Angelegenheit im ganzen. Aber nicht diplomatisch, sondern einfach meiner schreibfaulen Art nach. Hier drängte es wohl sich auszusprechen; den vielen Bedenken und – Mißdeutungen die Erinnerung an den vortrefflichen Mann und Künstler gegenüber hochzuhalten, die Berechtigung der Feier durch ihre Art und Weise sich klarzumachen.
Aber dazu schreibe ich das Nötigste selbst zu eilig und unlu-

stig. Und deshalb werde ich wohl auch schwerlich je einen diplomatischen Brief geschrieben haben.
Doch glaube ich meinen Kopf hell genug, um zu wissen, *was* ich schreibe, und es wäre mir schon deshalb sehr ärgerlich, stände etwas anderes in jenem Brief, als ich jetzt glaube, geschrieben zu haben. Auch meine ich, es dürfte kein besonderes Freundesauge dazu gehören, das Rechte herauszulesen. Die Sache an sich war ja längst unter uns besprochen; in Deinem Brief fragst Du nur, wer von uns dirigieren solle und ich sagte nur: mir wäre recht, was Du wünschest und beschlössest. Daß mir überhaupt ein anderer Name wünschenswert, ja nötig schien, habe ich Dir s. Z. gesagt. Ich als Festleiter hätte vielleicht zum Schluß das Requiem von Cherubini oder was sonst gemacht. Für einen Lebenden ist ja nun eine derartige Aufführung selbstverständlich und unter allen Umständen eine Ehre. Aber freilich eine Ehre, zu der man sich aus ernsthaftester Bescheidenheit gern stillschweigend oder gar ablehnend verhält. Ich weiß nun durchaus nicht, ob Du mir diese Bescheidenheit zutraust. Jedenfalls macht Bescheidenheit leicht ein albernes Gesicht und schweigt lieber – wie ich denn auch Dir gegenüber. Aber in diesem Fall: dächtest Du der Sache und mir gegenüber *einfach*, so wüßtest Du, wie sehr und innig ein Stück wie das Requiem überhaupt Schumann gehört. Wie es mir also im geheimen Grunde ganz selbstverständlich erscheinen mußte, daß es ihm auch gesungen würde.
Mir wäre jedenfalls schwer geworden, auch hierüber mich weiter zu äußern – falls das erwartet wurde. Nun fühle ich mich auch den sonst Beteiligten herzlich fernstehend – aber man trennt ja sonst beharrlich und energisch den Menschen und Künstler? Diesmal fällt denn wieder ein schwerer Stein auf die weit bessere Hälfte – aber meine Redseligkeit wird ihm nicht herunterhelfen!
Ich darf nicht weiter schreiben – laß mich bekennen und das glaube: ich wollte Dir eigentlich ganz heiter schreiben, daß ich nie an die Aufführung geglaubt habe, weil das Komitee sie nicht wünscht und – »der Herr Direktor ein höflicher Mann sind«. Mir wäre leid, wenn Du das übel nähmest, aber ich denke es am liebsten und glaube es.
Daß mein Brief jetzt anders klingt, ist das ein zunehmender Trübsinn, ist es bloß die Unlust am Schreiben? Jedenfalls aber – wenn mein voriger Brief noch nicht genug Beweis war, so ist es

dieser – daß ich kein Briefschreiber bin. Lang oder kurz, ich glaube herzlich gern, daß man auch mit dem besten Willen nicht viel Gutes herauslesen – aber ohne Mühe viel andres hineinlesen kann.
Tue das nicht, gehe glimpflich mit ihm um. Dieser wollte, trotz all seiner Konfusion, eigentlich eine herzberuhigende Antwort veranlassen. Ich kann sie so wenig erwarten, daß ich ohne Fragezeichen schließe.

Dein J. Brahms

Der Verdruß mit Joachim war nicht von Dauer. Im selben Jahr erschienen die beiden ersten Streichquartette (op. 51) von Brahms im Druck, und Joachim war einer der ersten, die sie zur Aufführung brachten.

AN JOSEPH JOACHIM

[Wien, Mitte Oktober 1873]

Lieber Joachim,
Von Simrock hörte ich eben, daß Du am Samstag mein a-Moll-Quartett spielst – mit zwei Worten möchte ich Dir sagen, wie besonders mich das freut. Eigentlich habe ich von beiden nicht gemeint, daß sie für Deine Geige seien, aber das Warten auf bessere schien allmählich unnütz – etwas magst Du das auch gedacht haben?
Das Quartett wird mir noch nicht so gut gefallen haben, als wenn ich Samstag an Dich denke und es in Gedanken mithöre.
Herzlichen Gruß auch an Deine Frau und andre.

Ganz Dein Johannes

Eines gilt für alle schriftlichen Äußerungen von Brahms, so wie es für alle seine mündlichen gilt, die aufgezeichnet worden sind: unbedingte Aufrichtigkeit.
Er kann rücksichtslos hart und grausam sein, und er hat wenig Sinn für äußere Formen, so wie er selten über einen Brief ein Datum setzt. Aber er ist auch der zartesten Aufmerksamkeit fähig. Felix, sein Liebling unter den Schumann-Kindern, hat als Achtzehnjähriger ein Heft Gedichte geschrieben, das Clara ihm geschickt hat. Und Brahms hat eine hübsche Idee, Felix, seinem Patenkind, eine Weihnachtsgabe zu bescheren.

Wien, den 24. Dezember 1873

Liebe Cl.,
Die Verse sind mir wirklich heute früh in die Hände und in den Kopf gefallen. Wahrscheinlich, weil ich mich ärgerte, nie für ein Fest denken und besorgen zu können. Für die Schwestern kann es ja wohl eine kleine Festgabe sein, denn sie werden doch auch gern die Verse des Bruders singen wollen. Ihm selbst oder der gestrengen Mutter *sage* ich natürlich nur meinen Festgruß. Ihr verlebt es gewiß recht froh, und Du läßt auch keine Gedanken herein, die nach Moll modulieren? Recht herzlichen Gruß denn auch von mir und nächstens mehr!

Dein Johannes

Clara antwortet (1. Januar 1874):
»[...] Das Lied war eine liebe Überraschung, und ganz besonders noch für Felix, dem wir nichts gesagt hatten, und abends, als Joachim kam, zeigte ich es diesem, wir fingen an zu spielen, da kam Felix und frug, was für Worte es seien, und wurde ganz blaß, als er seine eigenen sah. Und wie schön ist das Lied und das Nachspiel – das allein könnte ich mir schon immer spielen. [...]«
Das Lied »Meine Liebe ist grün« ist eine der Perlen der Brahmsschen Lyrik.
Die mit Energie und Freude begonnene Tätigkeit als Dirigent der Gesellschaftskonzerte in Wien war für Brahms in künstlerischer Hinsicht befriedigend und anregend, aber von allerhand Verdrießlichkeiten begleitet, die ihn schließlich veranlaßten, sein Amt niederzulegen. Sein Freund Levi hatte gewarnt. »Du bist nicht der Mann«, hatte er schon 1870 geschrieben, »den Kampf mit den tausend kleinen Widerwärtigkeiten, wie sie jede öffentliche Stellung mit sich bringt, siegreich durchzuführen; Du würdest ihnen, fürchte ich, in kurzer Zeit unterliegen und müßtest – erbittert und geschädigt, den Rückzug suchen in Dein Inneres. Das sind so meine Gedanken in Bezug auf die Frage, ob Du *überhaupt* eine Dirigentenstellung annehmen sollst oder nicht. Denke ich nun speziell an Wien, so wundere ich mich gar, daß Du die Sache ernsthaft in Betracht ziehst.«
Was er vorausgesehen hatte, trat ein. Die Antwort von Brahms auf eine diesbezügliche Anfrage Levis ist lakonisch.

AN HERMANN LEVI

[undatiert; 1875]

Lieber Freund,

Das ist freilich mit einem Worte gesagt: *Herbeck!* Vorgefallen ist nichts, aber die Aussichten sind nicht erfreulich, und da gehe ich lieber. Ich will mich weder mit ihm zanken, noch warten, bis er mich hinausgebracht.

Einzelnes schriftlich zu erzählen, ist mir zu weitläufig und langweilig.

Vielleicht kann's ja mündlich passieren, ich weiß nicht, wohin mich der Weg führt. Der Tisch liegt voll *italienischer* Reisebücher, doch denke ich dies bis zum Herbst zu lassen.

Einstweilen beste Grüße auch an Allgeyer und manche andre.

Dein eiliger J. Br.

In den Jahren nach dem ›Deutschen Requiem‹ war das Schaffen von Brahms vor allem vier weiteren großen Chorwerken gewidmet: dem ›Schicksalslied‹, dem ›Triumphlied‹, der ›Alt-Rhapsodie‹ und der Männerchorkantate ›Rinaldo‹. Das monumentale ›Triumphlied‹, angeregt durch den deutschen Sieg von 1870/71, kam zu jener Zeit, was den äußeren Erfolg anbelangt, dem Requiem nahe. Levi, der ergebene Freund, bewährte sich als verläßlicher Interpret aller dieser Werke.

AN HERMANN LEVI

[Wien,] Januar 1874

Lieber Freund,

Dein Zettel kommt grade recht, um meine neue Bestellung an Fritzsch nicht abgehen zu lassen. Herzlichen Dank für Deine Sorge, aber schicke nur die Rechnung, denn für Konfusion, auch für Theaterzufälle, kann man nicht, und jetzt zahle ich alles. Längst wollte ich mehr schreiben. Jetzt ist leider Mittagsstunde und ich habe schon – wie viel Briefe geschrieben.

Nächste Woche gehe ich nach Leipzig. Dumme Gutmütigkeit ließ mich fürs Pensionskonzert zusagen, und nun kommt eins nach dem andern dazu.

Mein Triumphlied soll ich
Im April hier und in Bremen
Im Mai in Köln (Musikfest)
Im Juni in Basel (Musikfest)
Im Juli in Zürich (Musikfest) dirigieren!

Ist das nicht zum Teufelholen?
Ich weiß noch nicht, was ich mit den letzten 3 mache, die ersten beiden schaffe ich ab.
Für München wäre mir Freitag, Samstag der angenehmste Konzerttag. Montag habe ich hier Übung [Chorprobe], anderes kann ich einrichten.
Nur keinen Brahms-Teil.
Ich denke, Konzert und Ungrische [Tänze]?
Nochmals besten Dank und schicke die Rechnung.

Herzlich Dein J. Brahms

Das schöne, für Brahms wie für Levi gleich wertvolle Freundschaftsverhältnis kühlte sich später ab und versandete schließlich ganz, weil Levi, der im Jahre 1872 seine Tätigkeit nach München verlegt hatte, sich mit immer wachsender Begeisterung der Musik Wagners zuwandte. Er dirigierte im Jahre 1882 die Uraufführung von »Parsifal« in Bayreuth. Brahms ließ es niemals an betonter Hochachtung für Wagner fehlen, der dem jüngeren Zeitgenossen mit Herablassung, später mit unverhohlener Verachtung gegenüberstand. Aber der in der Musikpresse tobende Kampf für und wider die »Musik der Zukunft«, wie die Richtung, der Berlioz, Liszt und Wagner angehörten, genannt wurde, machte es einem ausübenden Künstler wie Levi schwer, mit der gleichen Überzeugung beiden zu dienen, dem großen Repräsentanten der Zukunftsmusik und dem überzeugten Vertreter klassischer Ideale. Brahms war sich dessen bewußt und ließ es den Freund fühlen.
Die folgenden Briefe – einige Jahre früher – sind an einen anderen Interpreten gerichtet, der als Dirigent in Köln wirkte:

AN FRIEDRICH GERNSHEIM

[Wien, November 1870]

Lieber Hr. Gernsheim,
Sie können sich denken, eine wie große Freude und Auszeichnung es mir ist, daß man mein *Requiem* zur Feier der Opfer dieser großen Zeit aufführt. Der Gedanke daran bewegt mich tief, daß ich fast scheue, mich darüber auszusprechen.
Ich wäre in Köln als Zuhörer dabei gewesen, wenn es irgend meine augenblicklichen Verhältnisse erlaubten, und hätten wir nicht in nächster Zeit Ihr Kommen zu erwarten – das Papier sollte sich wundern, wie langen Brief ich schreiben kann.
So denn für heute nur einige Bitten. Ich besäße gern ein Andenken an Ihre Aufführung und hoffe, Sie können mir als solches das betreffende Programm noch verschaffen. Dann

möchte ich wünschen, Sie hätten Gelegenheit und fänden es angemessen, den Herrschaften, die sich mit dem schweren Werk so viele Mühe gegeben, auch von meiner Seite den herzlichsten Dank zu sagen. Da haben Sie nun natürlich an sich die längste Rede zu halten! Denn Ihnen verdanke ich ja vor allem, daß die Aufführung entschieden besser und zweifelsohner war als es leider das Werk selbst ist.
Schließlich den gemeinsamen Bekannten besten Gruß, vor allem Ihrer Frau Mutter und unserem Meister Hiller und dann so weiter bei Banquiers und Kollegen. Ist Dr. Goehring derselbe, der in Bonn nahe der Koblenzer Straße wohnt, und lebt er jetzt in Köln?
Wir sehen uns nächstens hier – also nur nochmals von Herzen meinen innigen Dank.

Ihr Joh. Brahms

AN FRIEDRICH GERNSHEIM

[Wien, Dezember 1870]

Lieber Hr. Gernsheim,
Nur in Eile und Kürze meinen Dank und den gewünschten Rat. Vor allem gehen Sie durchaus in kein Hotel der inneren Stadt! Ich darf Ihnen den »Kronprinzen« an der Aspernbrücke empfehlen. Vor zwei Wintern wohnte ich selbst dort, im selben Jahr und so zufrieden wie ich wohnten Hiller, Stockhausen, Deppe u. a. dort.
Die Pferdeeisenbahn fährt am Hotel vorbei, den Konzertsaal, Dessoff, die Oper, was alles erreichen Sie mit dieser ohne 10 Schritte zu machen. Es ist wohl sicherer, wenn ich Ihnen Zimmer bestelle?
Wie ist's mit dem Klavier? Auch dies könnte ich Ihnen bestellen, wenn ich wüßte, ob Sie Streicher oder Bösendorfer kennen und einem den Vorzug geben. Frau Schumann, Hiller und meine Wenigkeit spielen Streicher.
Es ist nicht übertriebene Artigkeit, wenn ich sage, daß ich Sie gern an der Eisenbahn erwarte. Man freut sich hier sehr auf Einen aus dem Reich!
Jedenfalls lassen Sie doch noch einmal hören und ich bestelle Ihnen Zimmer und bin Ihr erster (und recht kundiger) Führer.
Beste Grüße an Hiller, Königslöw's etc. Ihr J. Brahms
(Bruch wohnt privatim.)

AN FRIEDRICH GERNSHEIM

[Baden-Baden, Mai 1871]

Werter Freund,
Da ich nicht zum Feste komme, möchte ich eilig und kurz einiges fragen und sagen.
Vorher das Kompliment, daß Sie noch schreibfauler sind als ich. Sie versprachen ja, mich für die Wiederholung des Requiems einzuladen?
Jetzt komme ich zum 2ten Mal mit der Bitte, mir ein Programm zu schicken. Sie werden begreifen, daß mir diese Aufführungen, in diesem Jahr für diesen Anlaß, nicht gleichgültig sind – ich möchte gern eine äußerliche Erinnerung, so weit dies möglich.
Musterhafte Programme machen Sie – wenn ich von meinem Beteiligtsein absehe.
Kommen Sie nicht etwa den Sommer hierher? Ich wohne Lichtenthal 145, Baden-Baden, mir scheint, wir flanierten hier schon zusammen! Worms, Ihre Vaterstadt, ist nicht weit, lassen Sie uns einmal wieder – unsern sehr abweichenden Meinungen nachgehen. Jedenfalls lassen Sie doch ein Wort hören – ich schreibe Ihnen alsdann ausführlich, wie dankbar ich Ihnen bin, und wie mich alles erfreut, was ich über Ihre Aufführungen gehört.
Einstweilen eilig und herzlich ergeben

Ihr Johs. Brahms

AN FRIEDRICH GERNSHEIM

[Februar 1872]

Lieber Freund,
Ein Wort der Teilnahme möchte ich Ihnen und Ihrer Frau Mutter, die ich von Herzen zu grüßen bitte, doch sagen.
Ich habe leider am 11ten Februar – also vier Tage früher – den gleichen Verlust erfahren.
Ich konnte meinen Vater zum Glück noch sehen und sprechen, aber sehr viel habe ich verloren und werde dies nur immer mehr und tiefer empfinden.
Ich denke gern, wie schönen Trost Ihre Mutter und Sie sich gegenseitig sind durch Ihr behagliches Zusammenleben.
Seien Sie bestens gegrüßt

von Ihrem J. Brahms

In noch frühere Jahre geht ein herzliches Freundschaftsverhältnis mit Franz Wüllner zurück, der für einige Zeit neben Levi als Dirigent an der Hofoper in München wirkte. Es hat eine sonderbare Vorgeschichte. Ihr Gegenstand ist die Männerchorkantate ›Rinaldo‹, die vor dem ›Deutschen Requiem‹ datiert, aber erst später zur Aufführung und zur Veröffentlichung kam.
Die Aachener Liedertafel hatte einen Preis für ein Männerchorwerk größeren Umfangs ausgeschrieben.

AN FRANZ WÜLLNER

[Wien, 1. Oktober 1863]

Lieber Herr Wüllner,
Darf ich Ihnen mit einer Anfrage und einer Bitte um Antwort kommen? Es ist gerade Mitternacht, der 1te Oktober beginnt und da ist es mir etwas betrübt, daß eine Kantate von mir, mit der ich um den Aachener Preis konkurrieren wollte, nicht abgesandt und morgen wenigstens auch noch nicht dazu bereit ist.
Ich erfuhr das Ausschreiben des Preises zu spät und die letzte Zeit war gar zerstreut.
Nun frü g' ich gern bei Ihnen an, ob der 1te Oktober der alleräußerste Termin ist, oder ob ich (vielleicht durch Ihre Verwendung) noch nachkommen kann?
Ich weiß überhaupt nichts weiter von der Sache, als daß der Glückliche das unerhörte Vermögen von 300 Talern gewinnt. Bis wann der Preis erteilt werden muß? Das würde ja für oder wider mich sein können.
Möchten Sie die Freundlichkeit haben, einen Gang und eine Zeile daran zu wenden?
Ich vermute Sie freilich in München und da würde freilich Ihre Antwort zu spät kommen.
Nun, ich harre der Dinge und bitte Sie nach Wien, per Wessely und Büsing (Kohlmarkt) zu adressieren.
Jedenfalls alles unter uns.

Herzlich dankend und grüßend
Ihr Joh. Brahms

Es sieht aus wie eine sonderbare Laune des Schicksals, daß Wüllner, der selbst ein Werk eingereicht hatte, den Preis erhielt. Brahms hat es ihm nicht nachgetragen, und Wüllner wurde als Dirigent einer seiner eifrigsten und verläßlichsten Interpreten.
Brahms spielt im folgenden Brief auf Gellerts Gedicht ›Der arme Greis‹ an.

AN FRANZ WÜLLNER

[Ziegelhausen bei Heidelberg, Juli 1875]

Lieber Freund,
so lang braucht's, um ein Nein fertigzubringen!
Sie wissen, wie sehr ich Ihre Chorleistungen verehre, und von den jungen Leuten das R[equiem] zu hören, muß ein Vergnügen sein. Ihr Brief aber hat mich gar sehr gelockt, m[eine] hübsche Wohnung hier zu lassen und Ihnen nach an einen Ihrer schönen Seen zu gehen. Schließlich aber – es ist wohl Trägheit, bleibe ich hier sitzen und zum bloßen Zuhören könnte ich nun immer noch kommen.
Die Reise ist aber doch gar weit für solche Komponistenfreude? Um das R[hinozeros] zu sehen, beschloß einst ein vernünftiger Mann auszugehen – doch wohl nicht weiter als bis vors Tor?
So bleibe ich denn wohl sitzen, schreibe auch bisweilen höchst unnütze Sachen – um einer Symphonie nicht in das ernsthafte Gesicht zu sehen.
Allerschönste Sommer- und Ferientage wünsche ich Ihnen und grüße Sie und Ihre liebe Frau von Herzen.

Ihr J. Brahms

AN FRANZ WÜLLNER

[Postkarte] Lichtenthal, 12.10.1876

Vor allem recht herzlichen Gruß! Schreiben Sie mir doch Ihre Konzerttage im *November*. Ich probiere nächstens eine Symphonie und kann sie Ihnen dann auf der Rückreise vormusizieren.
Aber weiter habe ich nichts zu sagen, als daß mir das viel Vergnügen machen würde, daß es sehr schön in ›Lichtenthal bei Baden-Baden‹ ist und daß ich Sie bestens grüße.

Ganz Ihr J. Brahms

Es war die Erste Symphonie von Brahms, die kurz darauf – am 4. November – in Karlsruhe unter Otto Dessoff zur Uraufführung kam. Wüllner war sehr interessiert an dem neuen Werk.

AN FRANZ WÜLLNER

[Oktober 1876]

Gar so eilig ist es denn wohl nicht? Am 7ten habe ich Konzert in Mannheim, dann kann ich selbst mit Part[itur] und St[immen]

kommen. Für Ihre freundliche Einladung aber noch besten und herzlichen Dank. Aus verschiedenen Ursachen aber möchte ich ins Hotel gehen und wüßte gern, ob das Maximilian auch außer seiner praktischen guten Lage noch zu empfehlen ist. Ihrem stände ja noch das Hotel Levi im Wege und ich weiß nicht, ob Sie freundschaftlich mit ihm abgemacht haben – ja ich weiß nicht einmal, ob ich ihn durch Sie grüßen lassen kann!?
So ist es aber leider, wo man hinkommt, aller Orten.
Wie ist nun Ihr Programm? M[eine] Symphonie ist lang und aus c-Moll. Zum Schluß hätte ich sie gewiß nicht gern, am liebsten in der Mitte, nach einer Ouvertüre und Arie etwa.
Meine Adresse ist vom 1ten November an Karlsruhe, Dessoff, vom 5ten Mannheim, Frank.
Ich freue mich übrigens sehr auf Ihr Orchester und noch mehr auf Sie und die Ihrigen, die ich von Herzen zu grüßen bitte.

Ihr J. Br.

Um jene Zeit geriet Brahms mit Richard Wagner in einen Briefwechsel, der trotz höflicher äußerer Formen nicht ohne eine gewisse Gereiztheit war. Brahms war ein Liebhaber kostbarer Musikmanuskripte, die hier und dort in seinen Besitz gelangt waren, und darunter befand sich die handschriftliche Partitur des Bacchanals, mit dem Wagner für die Aufführung von ›Tannhäuser‹ in Paris (1861) die Venusbergszene erweitert hatte. Carl Tausig hatte Brahms dieses Manuskript geschenkt, das durch Peter Cornelius an ihn gelangt war.
Wagner hatte am 6. Juni 1875 an Brahms geschrieben:
»Geehrtester Herr Brahms,
Ich ersuche Sie, mein Manuskript der von mir umgearbeiteten zweiten Szene des Tannhäuser, dessen ich zur Herausgabe einer Neubearbeitung der Partitur bedarf, mir zuzuschicken. Zwar ist mir berichtet worden, daß Sie, vermöge einer Schenkung durch Peter Cornelius an Sie, Eigentumsansprüche an dieses Manuskript erheben; doch glaube ich dieser Meldung keine Folge geben zu dürfen, da Cornelius, dem ich dieses Manuskript eben nur gelassen, keineswegs geschenkt hatte, unmöglich desselben sich an einen Dritten entäußern konnte, welches nie getan zu haben er mir auf das Teuerste versichert hat.
Vermutlich ist es meinerseits sehr unnötig, Sie an dieses Verhältnis zu erinnern, und es wird keinerlei weiterer Auseinandersetzung bedürfen, Sie zu bestimmen, dieses Manuskript, welches Ihnen nur als Kuriosität von Wert sein kann, während es meinem Sohne als teures Andenken verbleiben könnte, gern und freundlich mir zurückzustellen.

Mit größter Hochachtung Ihr ergebenster
Richard Wagner«

AN RICHARD WAGNER

[Ziegelhausen bei Heidelberg, Juni 1875]

Hochgeehrtester Herr,

Wenn ich gleich sage, daß ich Ihnen das fragliche Manuskript gern und freundlich zurückstelle, so muß ich mir doch wohl trotzdem erlauben, einige Worte beizufügen.

Ihre Frau Gemahlin ging mich schon vor Jahren um die Rückgabe jenes Manuskripts an; mich sollte jedoch damals so vielerlei dazu veranlassen, daß ich schließlich nur das eine empfinden konnte: es sei mir eben der Besitz Ihrer Handschrift nicht gegönnt. Leider muß ich dem Sinne Ihres Briefes wohl Gewalt antun, will ich etwas anderes herauslesen, und damals wie jetzt hätte ich einem einfachen Wunsch von Ihnen jedenfalls lieber das Opfer gebracht.

Ihrem Sohn kann doch – gegenüber der großen Summe Ihrer Arbeiten – der Besitz dieser Szene nicht so wertvoll sein wie mir, der ich, ohne eigentlich Sammler zu sein, doch gern Handschriften, die mir wert sind, bewahre. ›Kuriositäten‹ sammle ich nicht.

Die Auseinandersetzungen über unsere verstorbenen Freunde und den Besitzanspruch, den ich ihnen zu verdanken meine, mag ich nicht fortsetzen. Jenen möchte doch wohl jedenfalls lieber und leichter gewesen sein, mir einfach die etwaige Übereilung einzugestehen.

Ich meine fast, mir gegenüber die Verpflichtung zu haben, eingehender Ihrem Schreiben und nachträglich denen Ihrer Frau Gemahlin zu erwidern – doch muß ich wohl fürchten, Mißdeutungen in keinem Fall entgehen zu können, denn, wenn Sie erlauben, das Sprichwort vom Kirschenessen ist wohl nicht leicht besser angewandt als bei unsereinem Ihnen gegenüber. Möglicherweise ist es Ihnen nun ganz angenehm, wenn ich nicht mehr glauben darf, Ihnen etwas geschenkt zu haben. Für diesen Fall nun sage ich, daß, wenn Sie meiner Handschriftensammlung einen Schatz rauben, es mich sehr erfreuen würde, wenn meine Bibliothek durch eines mehr Ihrer Werke, etwa die Meistersinger, bereichert würde.

Daß Sie Ihre Meinung ändern, darf ich wohl nicht hoffen, und so schreibe ich heute noch nach Wien, um mir die Mappe, welche Ihr Manuskript enthält, kommen zu lassen. Ich ersuche

recht dringend, mir seiner Zeit den Empfang freundlichst durch einige Worte anzeigen zu wollen.
Ihr in ausgezeichneter Hochachtung und Verehrung sehr ergebener

Joh. Brahms

Geehrtester Herr Brahms!
Ich danke Ihnen sehr für das soeben zurückerhaltene Manuskript, welches sich allerdings, da es seinerzeit in der Pariser Kopie sehr übel hergerichtet wurde, durch äußere Anmut nicht auszeichnet, mir aber – außer allen empfindsamen Gründen – deswegen von Wert ist, weil es vollständiger ist als die damals von Cornelius mit einem großen Strich versehene Abschrift.
Es tut mir nun leid, Ihnen statt der gewünschten Meistersingerpartitur (welche mir, nach wiederholter Nachlieferung von Schott, gänzlich wiederum ausgegangen ist) nichts Besseres als ein Exemplar der Partitur des Rheingold anbieten zu können. Ohne Ihre Zustimmung zu erwarten, sende ich Ihnen dieses heute zu, weil es sich dadurch auszeichnet, daß es das Prachtexemplar ist, welches Schott seiner Zeit auf der Wiener Weltausstellung prangen ließ. Man hat mir manchmal sagen lassen, daß meine Musiken Theaterdekorationen seien: das Rheingold wird stark unter diesem Vorwurf zu leiden haben. Indessen dürfte es vielleicht nicht uninteressant sein, im Verfolgen der weiteren Partituren des Ringes des Nibelungen wahrzunehmen, daß ich aus den hier aufgepflanzten Theaterkulissen allerhand musikalisch Thematisches zu bilden verstand. In diesem Sinne dürfte vielleicht gerade das Rheingold eine freundliche Beachtung bei Ihnen finden.
Hochachtungsvollst grüßt Sie Ihr sehr ergebener und verpflichteter

Richard Wagner

Bayreuth, 26. Juni 1875

AN RICHARD WAGNER

Juni 1875

Verehrtester Herr,
Sie haben mir durch Ihre Sendung eine so außerordentliche Freude gemacht, daß ich nicht unterlassen kann, Ihnen dies mit wenig Worten zu sagen, und wie von Herzen dankbar ich Ihnen bin für das prachtvolle Geschenk, das ich Ihrer Güte verdanke. Den besten und richtigsten Dank sage ich freilich täglich dem Werk selbst – es liegt nicht ungenützt bei mir. Vielleicht reizt dieser Teil anfangs weniger zu dem eingehenden Studium, das Ihr ganzes großes Werk verlangt; dieses Rheingold aber ging noch besonders durch Ihre Hand, und da

mag die Walküre ihre Schönheit hell leuchten lassen, daß sie den zufälligen Vorteil überstrahlt. Doch verzeihen Sie solche Bemerkung! Näher liegt wohl die Ursache, daß wir schwer einem Teil gerecht werden, daß uns über ihn hinaus und das Ganze zu sehen verlangt.

Wir haben ja den, wohl ergreifenden, doch eigentümlichen Genuß – wie etwa die Römer beim Ausgraben einer riesigen Statue – Ihr eines Werk sich teilweise erheben und ins Leben treten zu sehen. Bei Ihrem undankbaren Geschäft, unserem Erstaunen und Widerspruch zuzusehen, hilft dann freilich einzig das sichere Gefühl in der Brust und eine immer allgemeiner und größer werdende Achtung, welche Ihrem großartigen Schaffen folgt.

Ich wiederhole meinen besten Dank und bin in ausgezeichneter Verehrung

Ihr sehr ergebener Johs. Brahms

Auf dem Prachtexemplar der »Rheingold«-Partitur – sie ist, wie alle Kostbarkeiten der Brahmsschen Bibliothek, in den Besitz der Gesellschaft der Musikfreunde in Wien übergegangen – steht die Widmung: »Herrn Johannes Brahms als wohlkonditionierter Ersatz für ein garstiges Manuskript. Bayreuth, 27. Juni 1875, Richard Wagner.«

Die Lebensweise von Brahms hatte längst gewisse Formen angenommen, die er trotz stetig wachsenden Wohlstands immer beibehielt. Er hatte darauf verzichtet, einen Hausstand zu gründen. Alle seine Freunde waren verheiratet, seßhaft, ihr Leben durch Familienverhältnisse geregelt. Wir wissen wenig von zärtlichen Neigungen von Brahms, ebenso wenig wie etwa bei Beethoven oder Schubert. Retrospektiv urteilend kann man sagen, daß sein Leben mit unbeirrbarer Konsequenz einem einzigen Zweck gemäß eingerichtet war: seinem musikalischen Schaffen zu dienen. Nichts Ablenkendes, nichts Nebensächliches durfte seiner Arbeit hinderlich sein. Er hatte niemals eine eigene Wohnung. In Wien lebte er in möblierten Zimmern, seit Anfang 1872 als Untermieter in der Karlsgasse 4, gegenüber der Karlskirche. Er besuchte bequem gelegene, anspruchslose Speisestätten. Seine freundschaftlichen Beziehungen waren rege, aber durchaus seinem Unabhängigkeitsdrang entsprechend. Seine fruchtbarsten Arbeitszeiten waren ausgiebige Sommerferien in Süddeutschland, an der Nordsee, der Ostsee, in der Schweiz, in Österreich. Der einzige Luxus, den er sich leistete, waren Frühjahrs- und Herbstreisen nach Italien, wo er – gemeinsam mit Freunden – gern mehrere Wochen verbrachte, als unermüdlicher Tourist und Kunstwanderer.

Neben den Chor- und Orchesterwerken, der Kammermusik, den

symphonischen Schöpfungen entstand eine große Anzahl von Liedern. Auf eine umfassende Literaturkenntnis gestützt, war er unermüdlich im Auffinden von sangbarer Lyrik, die seinem Ausdrucksbedürfnis entgegenkam, und keineswegs immer kritisch, wenn ein Gedicht sein Gefühl ansprach. Der niederdeutsche Dichter Klaus Groth, der aus Heide in Dithmarschen stammte, dem Geburtsort von Vater Brahms, war ein intimer Freund. Er lebte in Kiel, und Brahms suchte ihn immer auf, wenn er bei den Eltern in Hamburg weilte. Mit ihm konnte er plattdeutsch sprechen, und er liebte Groths ›Quickborn‹, eine Sammlung plattdeutscher Gedichte, sehr. Daß Brahms nichts Plattdeutsches vertont hat, ist wohl dem Umstand zuzuschreiben, daß er seinen Sängern nichts Fremdsprachiges zumuten wollte.
Klaus Groth hat mehrere seiner schönsten Lieder inspiriert, darunter ›Regenlied‹, ›O wüßt' ich doch den Weg zurück‹, ›Wie Melodien zieht es‹. Zweien der Duette Op. 66 liegen Gedichte von Klaus Groth zugrunde.

AN KLAUS GROTH

[Wien] September 1874

Lieber Freund,
Einen Brief wollte ich so lange schon geschrieben haben, daß ich heute gar nicht mehr nachholen kann – auch gar nicht mehr mich entschuldigen kann! Nur eine kleine Frage möchte ich tun.
In einem nächsten Liederheft von mir erscheinen Ihre Gedichte
Wie traulich war das Fleckchen
O wüßt' ich doch den Weg zurück
Ich sah als Knabe Blumen blühn
(S. 35, 36, 37 Ihrer hochdeutschen Gedichte). Nun möchte ich fragen, ob Ihnen vielleicht ein gemeinsamer Titel für die 3 Lieder oder eine Überschrift für jedes einfällt?
Meine Komposition des zweiten, schönen macht mich leider nicht satt! Ich muß mir vorbehalten, es gelegentlich noch einmal und besser in Musik zu setzen, einstweilen und bis dahin lassen Sie sich hieran genügen – ich möchte die 3 zusammen lassen.
Nun danke ich auch noch bestens für Ihren letzten lieben Brief. Feuerbach hat mich noch nicht gemalt – davor habe ich noch mehr Scheu als vor dem Briefpapier!
(Ihre Bilder habe ich und Ihres finden Sie freilich nicht unter dem »Rummel«, ich habe auch Extra-Fächer!)

Wenn das Packen nicht wäre, schickte ich Ihnen gleich ein großes Bild von mir, nächstens entschließe ich mich.
Ihre 3 Jungen zusammen möchte ich mir aber ausbitten!
Nun seien Sie von Herzen gegrüßt und grüßen Sie auch Dr. Thomsen, Onkel Köster bestens.

Ganz Ihr J. Brahms

AN KLAUS GROTH

[vor dem 9. November 1875]

Lieber, verehrter Freund,
In einer hiesigen Zeitung werden Lieder aus einem Singspiel von Em. Geibel (Der Rattenfänger von Bacharach) veröffentlicht.
Nun sind Sie ohne Zweifel befreundet mit Geibel. Könnte ich nicht durch Sie Näheres über jenes Liederspiel erfahren? Ob es gedruckt wird, ob es für Theater geeignet und bestimmt – oder ob es schon komponiert oder jemandem bestimmt ist? Vermutlich kommt meine Anfrage zu spät – nun, ich erfahre es bald von Ihnen.
Die Duette kriegen Sie nächster Zeit gedruckt.– Halt! Die letzte und Hauptfrage fehlt!
Ob ich im günstigen Fall den Rattenfänger sehen kann?
Lassen Sie mich bei Gelegenheit hören, wie es Ihnen und den Ihrigen geht. Der Winter wird für Ihre Frau nicht die günstigste Jahreszeit sein?
Ich reise im Januar nach Holland und kann wohl viele Grüße von rechts und links abgeben?

In aller Eile und Herzlichkeit
Ihr J. Brahms

Hier seien noch zwei Briefe aus späteren Jahren angefügt. 1893 erschienen die Gesammelten Werke von Klaus Groth in vier Bänden.

AN KLAUS GROTH

[Oktober 1885]

Lieber Freund,
Für manche freundliche und schöne Sendung bin ich dankbar und hätte es auch gezeigt und gesagt, wenn ich nicht gar so viel geplagt wäre. Schließlich aber muß ich sagen, wie ich mich der plattdeutschen Bibel freue und wie diese an mir einen eifrigen und – kritischen Leser hat.

Ich besitze nämlich längst eine plattdeutsche Bibel, ein schönes Exemplar von 1545 Magdeburg Hans Walter. Jetzt ist Eure handlichere zum Buchbinder – nachdem ich vorher allerlei gestritten hatte! Hernach aber will ich dankbar lesen, ich weiß, wie schwer es ist, ein altes, liebes Original zu ersetzen.
Dieser Tage gehe ich nach Meiningen und wohl ein wenig an den Rhein. Für den April habe ich Spengel zugesagt.
Es wäre hübsch, wenn er für das Konzert Dein Herminchen (etwa zur Rhapsodie) einlüde. Das könntest Du ihm beibringen.
Daß es Dir und Deinen Kleinen vortrefflich geht, sehe ich zu meiner Freude an jedem Deiner fidelen Worte.
Bei Gelegenheit »Spengel« müssen wir uns jedenfalls sehen und zwar will ich sehr behaglich bleiben und genießen.
Einstweilen einen eiligen, aber herzlichen Gruß

Deines J. Brahms

AN KLAUS GROTH

[1893]

Lieber Freund,
Dein Gruß ist so gut wie die Sendung selbst und so lasse mich beiden gleich mit herzlichem Dank erwidern. Seit einigen Tagen liegt gerade wieder einmal Dein erster Band Quickborn neben dem Papier auf dem Schreibtisch – das mag Dir sagen, wie gern und oft ich Deiner gedenke und mich der herrlichen geliebten Lieder erfreue.
Mit welcher Lust und welchem Behagen werde ich jetzt den ganzen Cl[aus] Gr[oth] empfangen, eifrig aufstellen und mit Wonne mich ergehen in den lieben alten Sachen selbst und in den alten schönen Zeiten, an die sie mich erinnern. Sorglicher und zarter aber bist Du Erinnerungen gegenüber!
Also genau ein Jahr vor seinem Tode waren wir bei dem würdigen, lieben alten Herrn so fröhlich beisammen! Wenn ich, wie ich hoffe, den Winter nach Hamburg komme, so fahre ich zu Dir hinüber und wir erinnern uns seiner – und wie manches alten Freundes! [...]
In immer gleicher, alter und treuer Freundschaft

herzlichst Dein J. Brahms

Einer der intimsten Freunde von Brahms war der große Chirurg Theodor Billroth, dessen Bekanntschaft er im Herbst 1865 in Zürich machte, wo Billroth an der Universität lehrte. Er war ein gründlich gebildeter Musiker, der als Pianist wie als Geiger und Bratscher häusliche Kammermusik über alles liebte. Seit er Werke von Brahms kennengelernt hatte, war er von seiner Musik begeistert und kam Brahms mit überströmender Herzlichkeit entgegen. 1867 folgte Billroth einem Ruf an die Universität in Wien, und in den folgenden Jahren wurden die Beziehungen der beiden immer enger und unmittelbarer. Brahms schätzte die außerordentliche Aufnahmefähigkeit des Freundes und seine hohe Musikbegabung.
Nach einer Aufführung der Alt-Rhapsodie hatte Billroth Brahms einen langen, enthusiastischen Brief geschrieben. Die Antwort und zugleich der Dank für eine Schrift von Billroth kam zwei Monate später.

AN THEODOR BILLROTH

[Lichtenthal bei Baden-Baden, Mai 1871]

Verehrter und lieber Freund!
Es ist eine schöne Sache zur rechten Zeit ein gutes Wort auch sagen.
So möchte ich mir erst eine Ohrfeige geben und dann Ihnen recht von Herzen danken, daß Sie es in dieser Sache besser als ich machen.
Lassen Sie mich gestehen, daß ich erwartet hatte, die Rhapsodie würde einen guten Eindruck auf Sie machen – so sicher, als beim Publikum das Gegenteil. Nun ging alles nach Wunsch. Aber ich schelte mich. Dem Publikum machte ich sofort eine Verbeugung, und Ihnen für Ihre schönen, warmen, herzlichen Worte bleibe ich den Dank so lange schuldig!
Und sah ich Sie doch an jenem Tag mit besonderem Plaisir in den Saal treten und ärgerte mich recht, Sie hernach nicht zu finden.
Jetzt habe ich noch einen Dank beizufügen für die Rede, die mir gestern zukam. Werden Sie denn in diesem Sommer nicht an Ort und Stelle sich an das große Jahr und Ihre Tätigkeit erinnern wollen? Mit welchen Gedanken und Empfindungen fährt man durch das herrliche Land! Wie bewegt und gerührt, wie froh und stolz! – Mir wird es doch mein Lebtag ein Ärger sein, daß ich mich im vorigen Jahre – freilich durch mancherlei Maßgebendes, abhalten ließ, nach Deutschland zu gehen. Jetzt muß ich nachgenießen; aber ich genieße auch wie ein Kind – wenn ich chirurgische Briefe lese oder französische Gefangene

sehe. Im Falle Sie nun hieher oder in diese Gegend kommen, möchte ich Sie bitten es mich doch wissen zu lassen. Wir haben auch bisweilen musikalisch Interessantes, das sich einrichten läßt.

Mit herzlicher Ergebenheit und bestem Gruß
Ihr J. Brahms

Brahms kündigt ein Konzert in Karlsruhe an, über dessen umfangreiches Programm man heute staunt:

AN THEODOR BILLROTH

Lichtenthal bei Baden-Baden, [22. Mai 1872]

Verehrter Freund,
Wie ich versprochen habe, teile ich Ihnen denn mit, daß unser Konzert am 5. Juni sein soll. Das Programm wird vermutlich so ausschauen:
Beethoven, F-Dur-Symphonie,
Bach, d-Moll-Konzert (Fr. Schumann),
Händel, Arie Stockhausen,
Weber, Konzertstück,
Schubert, Lieder (von mir orchestriert),
Brahms, Triumphlied.
Nun wäre es freilich gar schön, wenn Sie unser Zuhörer wären, und ein fröhliches Intermezzo ist im Sommer eigentlich recht angenehm – aber viel Hoffnung habe ich nicht.
Das Konzert ist der vielen Sänger und des Spektakels wegen im Theater, nachher ist Gelegenheit, Bismarck leben zu lassen – mein Lied soll sehr lustig klingen. – Stockhausen habe ich neulich vortrefflichst singen hören; ich suche, womit ich zureden kann, denn ich sähe Sie gar zu gerne dabei. Mögen Sie doch auch Dr. Gehring das mitteilen, damit ich auch ihm mein Versprechen halte.
Ihn wird es schon rheinwärts ziehen, und ich hoffe, er benutzt seine größere Freiheit.
Mit bestem Gruß Ihr herzlich ergebener

J. Brahms

Billroth konnte nicht kommen, aber er sandte Brahms einen silbernen Pokal mit der Aufschrift: »Dem Meister deutscher Tonkunst Johannes Brahms zur Erinnerung an den 5. Juni 1872«.

AN THEODOR BILLROTH

Lichtenthal bei Baden-Baden, [9. Juni 1872]

Lieber Freund!

Ich kann mir kein Genüge tun, wenn ich versuche, Ihnen zu schreiben und zu danken. Es müßte ein Beschreiben werden, mit welchen Gefühlen ich etwa den Postzettel in der Hand hielt, oder wie Frau Schumanns edles Gesicht strahlte, oder wie wir bei Levi zusammen saßen und über Männer Ihrer Art ganz feierlich sprachen. Es ist Ihnen so natürlich, das Besondere zu tun, daß Sie die Wirkung nicht denken und sich darüber verwundern würden.

Der Becher ist an jenem Abend und hernach wie oft gefüllt – wenn ich ihn in der Hand hielt, habe ich nur aufs herzlichste an Sie denken können. Man kann einen Dank nicht mit Trompeten und Pauken begleiten, im Gegenteil, so viel wärmer, so viel leiser wird er, und so glauben Sie nur einfach, daß Sie mich und die Freunde nicht mehr überraschen, rühren und erfreuen konnten.

Daß Sie das Konzert nicht gehört, muß ich hinterher sehr beklagen. Sie haben nicht leicht ein vornehmeres und schöneres gehört. Ich habe wohl kaum je so sehr den Eindruck gehabt, daß jeder übervoll seine Schuldigkeit tue. Jeder sang und spielte, als ob von ihm allein das Ganze abhinge, wie es denn ja sein muß, soll etwas vortrefflich werden. Aber das war diesmal fast lustig zu sehen und zu hören. So werde ich auch mein Lied, das doch auf größere Massen berechnet ist, doch nicht leicht mit mehr Vergnügen hören. Die Leute haben es wirklich gemacht wie unsere Soldaten in Frankreich, wo ja auch tausend an ihrem Platz, so gut wie sonst ihrer hunderttausend, das Beste leisteten. Das Stück trat einem so vortrefflich kühn und lebendig entgegen, ich konnte mich kaum verwundern, daß es derart zündete – aber einer zweiten Aufführung werde ich vorläufig aus dem Wege gehen.

Nun aber, mein lieber Freund, höre ich auf, denn ich bin in Versuchung, wieder vom Pokal anzufangen. So guten Einfall hätte ich fürs Triumphlied haben sollen, so guter ist keiner darin.

Seien Sie recht von Herzen gegrüßt. Ihr

Johannes Brahms

AN THEODOR BILLROTH

[Postkarte; Wien, 27. Oktober 1873]

Die Generalprobe zum Philharmonischen Konzert ist am Freitag, 9 Uhr, und fange ich mit den Haydn-Variationen an. Mir wäre es, wie gesagt, besonders angenehm, Dich zum Zuhörer zu haben und ein Wort über das Opus zu hören.

Herzlich J. Br.

Brahms hatte Billroth seine ›Neuen Liebeslieder‹ im Manuskript gezeigt und von ihm einen schwärmerischen Brief darüber erhalten.

AN THEODOR BILLROTH

[Wien, 18. Oktober 1874]

Lieber Freund,

Ich muß Dir doch durchaus sogleich ein Wort des Dankes sagen. Auch ein langer Brief von Dir liest sich nicht schlecht – daß aber in diesem Fall die bloße Länge beredt ist, brauche ich Dir nicht zu sagen.

So scheint das »Versehen« denn also passieren zu können.

Leider habe ich ein zu gutes Talent zum Textfinden. Das Beste, Leidenschaftlichste, Volkstümlichste usw. habe ich doch gleich damals [in den ersten ›Liebesliederwalzern‹, Op. 52] gefunden.

Aber über Daumer müssen wir ein Wort reden! Darin bin ich kitzlich – ob ich mich gleich durchaus Laie in der Verskunst weiß.

Ich werde Dir nächstens einige Gedichte mitbringen, woraus Du sehen kannst, was ich schön finde. Was Ihr aber eigentlich an Daumer auszusetzen habt, möchte ich gerne deutlicher hören.

Mein Lob stecke ich ein – kann ich ja ehrlich und ernsthaft dazu sagen: »'s ist schade um mich!« Jetzt kann ich aber bald den langen Zettel entschuldigen! Sieh auch aus diesem nun, daß Du mir Freude gemacht hast, und sei herzlichst gegrüßt.

Dein J. Brahms

Im Sommer 1876 trat Brahms noch einmal in ernsthafte Unterhandlungen wegen einer Musikdirektorstelle, diesmal in Düsseldorf. Aber er gab den Plan bald wieder auf.

AN THEODOR BILLROTH

[17. Oktober 1876]

Lieber Freund!

Du wirst nun durch Faber erfahren haben, daß mir eine Berufung nach Düsseldorf geworden ist. Ich habe mir so lange und ernstlich eine Stellung, eine Tätigkeit gewünscht, daß ich jetzt ein ernstes Gesicht dazu machen muß. Ich gehe ungern von Wien fort und habe vielerlei gerade gegen Düsseldorf. Die Geldfrage spricht auch noch mit, und an der Hochschule ist auch jetzt wieder daran (und an recht wenig) das Engagement Stockhausens und Frau Schumanns gescheitert. Einstweilen zeigt sich das Kultusministerium sehr freundlich usw. Zu Neujahr würde ich im Ja-Falle hin müssen.

Sein Gutes hat jedes Ding, so wirst Du vielleicht jetzt sagen. Dadurch nämlich bin ich zum Entschluß gekommen, mit einer Sinfonie [Erste Symphonie c-Moll] herauszurücken. Ich meinte, ich müßt den Wienern doch zum Abschied was Ordentliches aufspielen. Herbeck bat mich darum (ich habe keine Ahnung, woher ihm eine kam), und ich finde es eigentlich ganz hübsch, daß ich sie der Gesellschaft [der Musikfreunde] und meinen Choristinnen vorspiele – wenn ich gleich mit einiger Wehmut an die Philharmoniker denke.

Da nun eine Sinfonie von mir etwas Rares ist, so wird bereits weidlich darum telegraphiert und geschrieben.

Ich mache sie wohl den 4. November in Karlsruhe, den 9. in Mannheim, den 15. in München, den 17. Dezember bei Euch.

Ich schreibe zu ungern, sonst würde ich Dir ausführlicher mitteilen, daß die Art und Weise der Einladung nach Düsseldorf mir sehr gefallen mußte. Die besten Männer interessieren sich aufs wärmste dafür, und ihre Briefe waren der Art, daß sie Bedenken schweigen lassen mußten. Meine Hauptgründe dagegen sind auch kindlicher Natur und müssen verschwiegen bleiben. Etwa die guten Wirtshäuser in Wien, der schlechte, grobe rheinische Ton (namentlich in Düsseldorf) und – und – in Wien kann man ohne weiteres Junggeselle bleiben, in einer kleinen Stadt ist ein alter Junggeselle eine Karikatur. Heiraten will ich nicht mehr und – habe doch einigen Grund, mich vor dem schönen Geschlecht zu fürchten.

In Karlsruhe zur Sinfonie hoffe ich doch Lübke zu sehen. Für Deinen sehr lieben Brief nach Rügen noch besten Dank. Ich habe seit der Zeit durch andere von Dir gehört. Täte ich, was sich für meinen Körper schickt, sollten wir uns doch wohl eigentlich bisweilen im Sommer begegnen! Etwa in Karlsbad! Doch jetzt gute Nacht und verzeih das Gekritzel, ich hatte nur den Wunsch, Dich zu grüßen, jetzt bitte ich, dies auch Deiner Frau und unseren Freunden zu sagen.

Herzlich Dein J. Brahms

Billroth liebte es, nach Brahms-Aufführungen zur Nachfeier Freunde bei sich zu bewirten.

AN THEODOR BILLROTH

[Wien, Dezember 1876]

Lieber Freund!
Da ich weiß, daß Du sie vorher gern siehst, schicke ich hier die Partitur. Du wirst nebenbei sehen, daß man darauf nicht einladen kann! Und doch möchte ich fragen, ob ich wohl einen ausgezeichneten Dilettanten und liebenswürdigen Menschen, Dr. Jurenak aus Pest, für den Abend und das Quartett bei Dir einführen darf?
Die Partitur erbitte ich mir Montag früh zu mir oder Mittag zu Hellmesberger (*für mich*) zurück.

Mit bestem Gruß
Dein J. B.

Der großartigen Planmäßigkeit, mit der Brahms sich auf die Schaffensgebiete konzentrierte, zu denen er sich reif fühlte – die großen Chor- und Orchesterwerke, die Symphonien, die späte Kammermusik –, steht eine merkwürdige Hypochondrie gegenüber, ein nagender Zweifel an der Qualität des Erreichten, der ihn dazu veranlaßt, immer wieder das Urteil seiner Freunde einzuholen, ganz als ob er seiner Sache gar nicht sicher wäre. Daß er Bedenken, die dann erhoben werden, selten Folge leistet, daß er es tatsächlich besser weiß als der kritische Freund, den er um seine Meinung gebeten hat, läßt vermuten, daß er sich mit allen denkbaren Skrupeln längst auseinandergesetzt hat. Die Unschlüssigkeit, die er dabei zeigt, ist ebenso charakteristisch für ihn wie die spöttische Manier, mit der er von seinem Werk zu sprechen pflegt. Was dabei zum Ausdruck kommt, ist das empfindliche Gewissen eines Künstlers, der sein Werk nicht anders als »sub specie aeternitatis« zu sehen imstande ist, gemessen an den höchsten Leistungen, die er an den Großen der Vergangenheit bewundert.
Er schickt Clara, die nach Berlin übersiedelt ist, drei Hefte Lieder, die zum Druck gehen sollen, und bittet sie um ihre Meinung.

Wien, den 24. April 1877

Wenn dieser Brief auch wider Gewohnheit lang werden sollte, verlangt er doch bloß eine Viertelstunde von Dir! Nächster Tage aber kommt einer, der gern hätte, daß Du ihm ein paar gemütliche Stunden widmen könntest. Ich möchte nämlich meine Lieder herausgeben und hätte gar zu gern, daß Du sie vorher einmal durchspieltest und mir ein Wort sagtest. Am liebsten säße ich freilich bei Dir – aber nach Düsseldorf konnte ich doch nicht, und Berlin hat auch sein so-so.

Simrock wartet mit Schmerzen! Im Notfall – wenn Du nicht gleich so viel Süßigkeiten genießen kannst – gib ihm ein Opus nach dem andern!

Die Lieder sind numeriert.

Also Op. 69 von 1-9, und wenn er artig ist, kriegt er morgen Op. 70.

Mir aber schreibe, ob Dir was davon gefällt – und ob Dir anderes vielleicht sehr mißfällt.

Namentlich letzteres, vielleicht horchte ich und dankte Dir!

Aber finde nicht gleich etwas zu roh, lies ein Gedicht auch zweimal, wenn's Dir nicht gefällt, z. B. den Mädchenfluch! der Dich vielleicht erschreckt. Verzeih! Ich fürchte mich bloß vor Schelte.

Nach besagten Süßigkeiten kannst Du Dich restaurieren mit einer Etüde, die beiliegt. Ich finde sie sehr lustig zu üben, auch schwer!? [Presto aus einer Solo-Violinsonate von Bach, von Brahms für Klavier bearbeitet.]

Dann bitte doch Simrock, er möge mir kein Geld schicken. Ich möchte Dich nämlich fragen ob Du mir wohl das Geld in der dortigen National- (oder was?) Bank anlegen möchtest? Auch das Geld, was ich bei Levis Bruder in Mannheim habe, möchte ich doch gern dort in Berlin lassen. Fändest Du das nicht besser? Ich schreibe Dir heute nicht, was ich für die Lieder (und für die Sinfonie) bekomme. Es stimmt zu schlecht mit ihrem Wert und muß notwendig ein ungünstiges Vorurteil geben. Aber rate einmal!

Daß Felix nach Zürich geht, freut mich einstweilen sehr. Ich denke nämlich auch stark daran und an mein dortiges Logis in Rüschlikon. Da kämst Du doch wohl auch? Eigentlich gibt's in der Gegend viel reizende Wohnungen, z. B. Bochren bei Horgen (am See) etc.

Und dann einige schöne Herbstwochen in Baden! Aber ich muß fort. Hoffentlich scheint der morgige Brief nicht allzu trostlos! Schreib mir womöglich *ein kurzes Wort* zu jedem. Du kannst nur Opus oder Zahl angeben:

op. X. 5 schlecht
6 schändlich
7 lächerlich u. s. w.

Schönste Grüße
Dein Johannes

Es waren insgesamt dreiundzwanzig Lieder, Op. 69–72, die Brahms tags zuvor an das Ehepaar Herzogenberg in Leipzig geschickt hatte.
Die Herzogenbergs gehörten zum engsten Freundeskreis von Brahms. Heinrich von Herzogenberg hatte als Komponist seine Aufmerksamkeit erregt. Seine Frau Elisabet war als junges Mädchen zeitweise Klavierschülerin von Brahms gewesen.

AN HEINRICH VON HERZOGENBERG

[Wien, 23. April 1877]

Lieber Freund,
Ich hoffe, der dicke Brief, den ich Ihnen heute schicke, trifft ein paar freie Stunden. Wie Sie gleich sehen, ist dieser Zettel nicht gemeint. Auf solchem Papier bringe ich einen dicken Brief nicht fertig. Ein paar Stunden später kommt er. Ich habe nämlich das Bedürfnis, Ihnen mitzuteilen – oder Ihnen einen Gruß zu sagen und von Ihnen zu hören.
Vielleicht veranlaßt Sie beifolgendes Grünzeug, mir ein paar Worte zu sagen, was Ihnen etwa gefällt, und namentlich, was nicht die Ehre und das Vergnügen hat!
Wenn Sie sich nun an dem süßen Zeug übergessen haben, liegt eine Klavieretüde »nach Bach« bei, die mir recht lustig zu üben scheint.
Nun aber werde ich sehr, sehr bald nach diesem schreiben, wohin ich Sie bitte, alles weiter zu schicken!
Jedenfalls bitte ich also sehr um Entschuldigung, daß ich mir erlaube, Ihnen durch meine Korrespondenz so viel Umstände zu machen.
Es wäre aber sehr schön, wenn Sie Zeit und Lust hätten, mir *zwei* Briefe zu schreiben und recht deutlich zu schelten [...]
Nun aber will ich mein Präludium nicht Lügen strafen und grüße das Kleeblatt recht herzlich.

Ihr ergebener
J. Brahms

AN HEINRICH VON HERZOGENBERG

[Wien, 25. April 1877]

Lieber Freund!
Haben Sie sich amüsiert? Hat die Frau gelächelt? Jetzt bitte ich, daß Sie die Sache zusammenpacken und möglichst bald, lieber heut als morgen, an Frau Schumann, Berlin NW, In den Zelten 11, schicken. Ich schäme mich jetzt noch einmal und sehr ernstlich – doch jetzt ist's geschehen.
Verzeihen Sie.
Auf ein tröstliches Wort hoffend

Ihr herzlich ergebener und eiliger J. Brahms

Clara war entzückt von einer Anzahl der empfangenen Lieder und äußerte sehr freimütig ihre Bedenken bezüglich anderer, die sie »seines Namens nicht würdig« fand. Die Herzogenbergs waren bei weitem zustimmender. Brahms hat alle Lieder herausgegeben, wie sie geplant waren.
Die lang erwartete Erste Symphonie, die Brahms in die Öffentlichkeit brachte, fand rasch Verbreitung. Die kühle Art und Weise, mit der er davon spricht, ist charakteristisch für ihn.
Der Dirigent der Gewandhauskonzerte in Leipzig, Karl Reinecke, hatte Brahms eingeladen, einer Aufführung beizuwohnen.

AN KARL REINICKE

Wien, [18. November 1876]

In aller Eile, verehrter Freund: daß es mir unmöglich ist, zum 14. Dezember zu kommen, daß ich aber leider auch für den Januar nichts versprechen kann. Sie wissen, daß ich im Begriff bin, die Musikdirektorstelle in Düsseldorf anzunehmen. Im Fall der Annahme (denn ich kann noch nicht wohl sagen, im günstigen) müßte ich zu Neujahr hin.
Ich habe nun aber den ernstlichen Wunsch, Ihnen die »Sinfonie« vorzuführen. Jedenfalls also schreibe ich Ihnen, sobald ich irgend weiß, wie ich über meine Zeit verfügen kann.
Beste Grüße indes Ihres eiligen und herzlich ergebenen

J. Brahms

AN KARL REINECKE

[Wien, Dezember 1876]

Lieber Freund,
Besten Dank, und damit die Quälerei ein Ende hat, bitte ich Sie, gelegentlich eine Korrespondenzkarte zu nehmen und mir zu

schreiben, wieviel Geigenstimmen etc. Sie gebrauchen. Ich habe überflüssig und möchte nicht unnütz schleppen.
Nun möchte ich noch die vermutlich sehr überraschende Mitteilung machen, daß meine »Sinfonie« lang und nicht gerade liebenswürdig ist. Zum Schluß möchte ich sie also doch nicht gern machen, lieber zu Anfang und noch lieber: 1. Ouvertüre, 2. Arie, 3. »Sinfonie«, 4. 5. 6. usw. ad lib.
Henschel wird aber vernünftig sein und eine schöne Arie singen; hernach, wenn die »Sinfonie« durchgefallen, mein liebenswürdigstes Lied!

In Eile Ihr herzlich ergebener
J. Brahms

Ein Jahr später war der Ersten Symphonie eine Zweite in D-Dur nachgefolgt, die kostbarste Frucht eines schönen Sommers in Pörtschach. Brahms hatte Spaß daran, seine Freunde mit dem freundlich idyllischen Charakter des neuen Werks dadurch zu überraschen, daß er das Gegenteil behauptete, sie schonend auf das Ärgste vorbereitend.

AN ELISABET VON HERZOGENBERG

[Wien, 22. November 1877]

Verehrteste Frau!
[...] Die neue ist aber wirklich keine Symphonie, sondern bloß eine Sinfonie, und ich brauche sie Ihnen auch nicht vorher vorzuspielen. Sie brauchen sich nur hinzusetzen, abwechselnd die Füßchen auf beiden Pedalen, und den f-Moll-Akkord eine gute Zeitlang anzuschlagen, abwechselnd unten und oben, ff und pp – dann kriegen Sie allmählich das deutliche Bild von der »neuen« [...]
Für heute nur besten Gruß Ihres sehr ergebenen

J. Brahms

AN HEINRICH VON HERZOGENBERG

[Wien, 13. Dezember 1877]

Werter Freund,
Ich vergaß gestern zu sagen, daß, im Falle ich in Leipzig spielen sollte [Klavierkonzert in d-Moll], es mir sehr angenehm wäre, ein paar Tage im Hotel wohnen zu müssen. Ich genierte mich nämlich, bei Freunden zu üben, und das muß doch geschehen! Mache ich also den dummen Streich, ein Ja zu schreiben, so

würde ich Sie bitten, mir bei Hauffe oder wo Sie wollen ein Zimmer und ein *Pianino* zu bestellen.
Wenn dann Ihre Zimmer frei werden, bin ich es auch und kann feierlichen Umzug durch die Straßen und ins Haus halten!
NB. Vermutlich habe ich den 30. hier Konzert, komme also im letzten Moment. Stehen Sie so mit Reinecke, daß Sie wegen des Konzertflügels sprechen können? Ich komme ja gleich in die Probe und möchte doch den *besten* vorfinden?!

Mit besten Grüßen
Ihr eiligster J. Br.

AN ELISABET VON HERZOGENBERG

[Wien, 29. Dezember 1877]

Von hier aus kann ich über Hotel, Mehlspeisen und Flügel nicht mitsprechen. Hoffe jedoch, Sie machen keine Geschichten und lassen sie nicht anbrennen.
Ich soll Montag 12 3/4 Uhr ankommen und sofort in die Probe, vielleicht fragt Ihr Mann, ob ich inzwischen doch meine Sachen ablegen und mich gar waschen darf! Nützt aber nichts –

Allzeit Ihr ungewaschener
J. Br.

Hier spielen die Musiker meine Neue mit Flor um den Arm, weil's gar so lamentabel klingt; sie wird auch mit Trauerrand gedruckt.

Wüllner brachte die Erste Symphonie in c-Moll von Brahms am 25. Januar, die Zweite in D-Dur am 6. März 1878 in Dresden zur Aufführung. Er lud Clara Schumann ein, am 6. März als Solistin mitzuwirken.

AN HEINRICH VON HERZOGENBERG

[Hamburg, 18. Januar 1878]

Lieber Freund,
Dieser Zettel sieht nur anders aus, ist aber eine Postkarte! Ganz in Kürze und Eile sage ich einiges, schweige aber über das Beste – die guten und schönen Tage bei Ihnen.
Also: jeden Tag muß ich denken, daß es doch gut ist, Sie nicht jetzt hier unterhalten zu müssen! Es ist nämlich so schauderhaftes Wetter, wie es nur hier möglich ist – hier aber leider 360 Tage im Jahr – die übrigen 5 trifft man gar schwer. Nicht eine

Stunde all die Zeit, wo man zur Tür hinausgehen, ja zum Fenster hinaussehen mag.
Die c-Moll aber muß mir Spaß machen – weil das Orchester gar so begeistert dabei ist, ich freue mich ordentlich auf heute Abend. Morgen gehe ich nach Bremen (Karl Reinthaler)! Mittwoch nach Utrecht (Professor Th. W. Engelmann)! Am 4. Februar habe ich versprochen, in Amsterdam die D-Dur zu machen – die Utrechter Adresse ist aber für Briefe sehr gut.
Nun entschleiert sich auch die Postkarte ganz! Möchten Sie die Stimmen der Symphonie nach Amsterdam schicken lassen? Einfach an J.A. Sillem, Heerengracht 478.
Ich denke aber, Sie wissen Simrocks Kommissionär und brauchen das Paket nur *dorthin* zu besorgen? Sie dürfen ja auch – ohne zu lügen, das andere Paket ein Duett nennen und ihm für Utrecht übergeben!
An Wüllner habe ich gleich den ersten Tag von hier geschrieben. Aber malen Sie sich die Seelenkämpfe unserer Freundin aus, wenn sie erfährt, daß das Programm so heißt: Symphonie D-Dur, Phantasie mit Chor von Beethoven und *Feuerzauber* [Aus Wagners ›Walküre‹]? Ich will ihr gern schreiben und zureden, aber wie komme ich aus dem Lachen und zum nötigen feierlichen Ernst? Ich kann mir nicht denken, daß sie sich zum Kommen entschließt.
Nun aber danke ich nur noch herzlich für – alles Mögliche und auch für den gar lieben Brief. Seien Sie versichert, wenn Sie auch noch so viele und noch so liebe schreiben, ich sehe es als eine Anleihe an und zahle mit Zinsen zurück! Schwesterchen und Brüderchen und Bernstorff u. a. bitte schön zu grüßen.

Von Herzen ergeben Ihr

J. Br.

Frau Elisabet, wie Clara Schumann eine entschiedene Anti-Wagnerianerin, antwortet mit einem brillanten Temperamentsausbruch gegen Wagners »Feuerzauber«.

AN ELISABET VON HERZOGENBERG

[Amsterdam, 3. Februar 1878]

Liebe, verehrte Freundin!
Wenn ich eilig einige Worte flüstere, so glauben Sie mir, daß mir's von Anfang bis Ende gar nicht genügt. Ich wüßte gerne was Besseres, um Ihnen recht von Herzen zu danken für Ihre –

teils vortrefflichen, immer aber so lieben und freundlichen Briefe!
Vortrefflich war die Abhandlung über den Feuerzauber.
Ich hatte eben an Frau Schumann geschrieben, mit wenig Worten zuzureden oder zu mildern versucht. Frau Schumann hat aber das Gespenst gar nicht erschreckt, sie schreibt nur ganz beiläufig, daß sie es ja nicht zu hören brauche!
An Wüllner habe ich gar nicht geschrieben – meine Tasche ist nämlich ganz dick von unbeantworteten Briefen. Ich war aber in Versuchung, Ihre Abhandlung ihm zu schicken! Jetzt lassen wir es gehen. Besinnt Frau Schumann sich nicht anders, so gehe ich auch nach Dresden, und hoffentlich Sie auch!!!!
Holland ist nun ganz reizend und gefällt mir jedesmal außer Maßen. Nr. 2 macht den Musikern und andern Leuten aber so viel Spaß, daß sie mir den Aufenthalt nicht verdirbt. Wir haben sie den vierten *und* achten in Amsterdam, den sechsten im Haag. Dazu ist den fünften in Amsterdam die erste in einer Art Volkskonzert!
Sie halten mich aber für mitteilsamer als ich bin, wenn Sie meinen, ich brauchte den Edward – pardon Eduard. Wenn ich aber etwas lese, wie Ihre freundlichen Worte darüber, da empfinde ich immer einen deutlichen Ärger: warum hast du dir dabei nicht mehr Mühe gegeben, das hätte ja viel hübscher werden müssen. Nun, schließlich muß das ein Irrtum sein, aber sonderbar ist die Empfindung.
Am 9. reise ich ab – haben Sie nichts mehr zu schicken? Eben fehlt noch der Dank für alles und gar für die fatale Mühe mit dem »bedeutenden« Gegenstand. Aber das Beste an allem Schicken sind die Briefe dabei, und dafür sollte ich besser danken. Für heute nur die allerschönsten Grüße Ihnen beiden und einigen andern.

Von Herzen Ihnen ergeben
J. Brahms

Gott Gnade, wenn ich Eduard für Edward oder Sinfonie für Symphonie schreibe!

Mit dem »bedeutenden Gegenstand« war ein bei Herzogenbergs vergessenes Nachthemd gemeint. ›Eduard‹ ist eine Duett-Ballade, die Brahms an Frau von Herzogenberg geschickt hatte.

AN HEINRICH VON HERZOGENBERG

[Wien, 3. April 1878]

Unterzeichneter beehrt sich, seinen werten Gönnern anzuzeigen, daß ihn poste restante-Briefe vom 14. bis 20. April in Neapel finden. Vom 20. bis -? in Rom. Er reist mit Billroth und empfiehlt sich zum Briefschreiben, Beinabschneiden und allem möglichen, das er mit seinem Kompagnon bestens besorgen wird. Was sonst passiert, davon hat er keine Ahnung. Vermutlich ist er Mitte Mai wieder in Wien.
Usw.

Mit besten Grüßen
J. Br.

Brahms hat ein weiteres Violinsolo-Werk von Bach als Pianist bearbeitet. Clara Schumann mußte zeitweise ihre rechte Hand schonen, die sie verletzt hatte, und Brahms überraschte sie mit einer Bearbeitung der großen Chaconne aus der Partita Nr. 2 in d-Moll für die linke Hand.

AN CLARA SCHUMANN

Pörtschach, Juni 1877

Liebe Clara,
ich würde glauben, Dir lange nichts so Amüsantes geschickt zu haben, wie heute – wenn Deine Finger das Vergnügen aushalten! Die Chaconne ist mir eines der wunderbarsten, unbegreiflichsten Musikstücke. Auf ein System, für ein kleines Instrument schreibt der Mann eine ganze Welt von tiefsten Gedanken und gewaltigsten Empfindungen. Wollte ich mir vorstellen, ich hätte das Stück machen, empfangen können, ich weiß sicher, die übergroße Aufregung und Erschütterung hätte mich verrückt gemacht. Hat man nun keinen größten Geiger bei sich, so ist es wohl der schönste Genuß, sie sich einfach im Geist tönen zu lassen.
Aber das Stück reizt, auf alle Weise sich damit zu beschäftigen. Man will Musik auch nicht immer bloß in der Luft klingen hören, Joachim ist nicht oft da, man versucht's so und so. Was ich aber nehme, Orchester oder Klavier – mir wird der Genuß immer verdorben.
Nur auf eine Weise, finde ich, schaffe ich mir einen sehr verkleinerten, aber annähernden und ganz reinen Genuß des Werkes – wenn ich es mit der linken Hand allein spiele! Mir fällt dabei sogar bisweilen die Geschichte vom Ei des Columbus

ein! Die ähnliche Schwierigkeit, die Art der Technik, das Arpeggieren, alles kommt zusammen, mich – wie ein Geiger zu fühlen!
Versuche es doch einmal, ich habe es nur Deinetwegen aufgeschrieben. Aber: überanstrenge die Hand nicht! Es verlangt gar so viel Ton und Kraft, spiele es einstweilen *mezza voce*. Auch mache Dir die Griffe handlich und bequem. Wenn es Dich nicht überanstrengt – was ich aber glaube – müßtest Du viel Spaß daran haben.
Von Groth hörst Du dort wohl?
Grüße die schöne Ostsee, den lieben Sekretär und diktiere ihm bald wieder

für Deinen
Johannes

Clara ist freudig überrascht von dieser Sendung. Anschließend an ihren Dank dafür erwähnt sie eine geschäftliche Angelegenheit, die ihr Sorgen macht: sie hat konkurrierende Anträge von Breitkopf & Härtel und vom Londoner Verlag Novello erhalten, die Werke von Schumann neu herauszugeben.

AN CLARA SCHUMANN

Pörtschach, Juli 1877

Liebste Clara,
also nochmals besten Dank für den gar lieben Brief, daß die Chaconne denn nicht ein kindischer Einfall war und Dir Freude gemacht und alles Mögliche freut mich sehr [...]
Doch ich habe zu nichts Zeit.
Ich bin Härtel schon lange einen Brief schuldig – nun wollte ich Dir wieder über die Sache schreiben – es kommt nichts dabei heraus. Ich bitte nur, daß Du weder nach England noch an H. Bestimmtes schreibst. Lasse alles ungewiß und halte Dich frei!
Ich aber bin so frech und frei und schreibe heute noch beiläufig Folgendes an H. Gefällt Dir's nicht, so kannst Du mich heruntermachen und ihnen schreiben, *daß es Dich nichts anginge und Dir nicht recht wäre*.
—»Über die Schumannsche Angelegenheit weiß ich mich nicht weiter zu äußern, wenn ich es nicht etwa ganz freimütig tun wollte – und Sie vielleicht verletzen.
Das englische Intermezzo ist durch ein einfaches Angebot

entstanden. Frau Sch. hatte alle Ursache, auf ein solches zu achten. Nun verstehe ich durchaus nicht, warum Sie nicht ebenso einfach auch durch ein Angebot jenes aus der Welt schaffen?
Ich und mit mir viele wünschen herzlich, es möchten in einer deutschen Ausgabe der Sch.schen Werke die bei den Namen R. und C. vereinigt sein. Die Verehrung, die man dem – Paare zollt, kann sich nur immer und immer noch steigern, ihre Namen nur inniger verbinden. So schön wie im Leben, waren sie auch in der Kunst vereint, hier wie dort sollte durch ein äußeres Zeichen der edle Bund geweiht sein.
Ich brauche einem Verleger nicht auseinanderzusetzen, wie gern jeder namentlich die Klaviersachen und Lieder in solcher Ausgabe besitzen wird. Es ist das ein Vorteil und ein schönster Schmuck, wie Sie es bei keines anderen Werke haben können.
Der Engländer nun hat, ohne den alleinigen Besitz des Namens zu beanspruchen, für die Klaviersachen allein 1 000 Tlr. geboten. Rechne ich nun die Lieder und alles übrige hinzu, so kommen mir 3 000 Tlr. zunächst bescheiden vor. Sie riskieren im allgemeinen bei derartigen Unternehmungen; bei *dieser* aber bestreite ich, daß Sie riskieren. Kein anderer Verleger kann sich den Schmuck jener beiden vereinigten Namen aneignen. Alle Welt aber wird immer mehr Liebe und Verehrung beiden gemeinsam widmen – ich mag dazu keine geschäftlichen Betrachtungen machen.
Sie kennen Frau Sch.s Zartheit in Geldsachen, Sie kennen auch ihre Verhältnisse, die ihr jene wichtig machen. Wollen Sie nun, wie Frau Sch., schweigen, so ist allerdings nicht abzusehen, was aus der Sache werden soll.
Außer Ihnen gäbe es vielleicht noch 2 deutsche Verleger, die ich in Frage kommen lassen möchte. Das muß ich aber bekennen, sollte ein ungefähr angemessener Vorteil für Fr. Sch. auch nur zweifelhaft sein – ich täte alles, sie zu veranlassen, die gedachte Ausgabe (namentlich die Kl[avier]sachen und die Lieder) in Paris, London, Petersburg erscheinen zu lassen, und damit den Deutschen ein Denkmal zu setzen, wie sie es hier, wie sie es oft genug an ihren großen Männern verdient haben.
Daß ich, ohne irgendwelche Nebengedanken, mich für dies Unternehmen Ihnen und Frau Schumann durchaus zur Verfügung stelle, sage ich nebenbei.

Frau Sch. weiß von diesem Schreiben nichts, ich teile ihr aber heute noch mit, was ich mir *ihr und Ihnen* gegenüber herausgenommen habe. Sie beide bitte ich dann herzlich, mir alles Mögliche zu *verzeihen, was dessen bedürfen möchte.«*
So ungefähr will ich doch jetzt gleich abschreiben. Dich geht's also eigentlich nichts an – aber übereile nichts, und laß mich durch ein Wort wissen, ob Du böse bist – hätte ich aber erst wieder gefragt – es kommt nie zu Ende.
Für heute aber allerherzlichst

Dein Joh.

Aus dieser Initiative wuchs die große Schumann-Gesamtausgabe des Verlags Breitkopf & Härtel.
Clara hatte Brahms gebeten, die Edition der Orchester- und Ensemblewerke zu übernehmen, und ihm die Hälfte des Honorars dafür geboten.

AN CLARA SCHUMANN

Pörtschach am See, August 1877

Liebe Clara,
ich glaube nicht, daß Du nötig hast, über weitere Bedingungen nachzudenken. Du darfst das P. S. in Härtels Brief ernst nehmen; sie werden nie widersprechen, wenn Du später und im betreffenden Fall zu wünschen hast. Erfahrung habe ich ja auch keine hierin! Es ist lächerlich, aber ich glaube, ohne meinen Brief wäre die schöne Sache nicht zustande gekommen!
Ich weiß nun, wie ernsthaft Dein Vorschlag wegen der Hälfte des Honorars ist – aber leider habe ich gar keine Lust oder Geduld, ernsthaft und ausführlich darauf zu erwidern.
Laß es gehen, bis wir einmal zusammen plaudern. Du weißt ja, daß ich es gewohnt bin und sehr leicht ein paar tausend Mark in die Hand nehme – einstweilen gewöhne Dich auch ein klein wenig an den Gedanken, daß ich Dir und Deinem Manne gegenüber – gewissermaßen und unter Umständen und so zu sagen und überhaupt – und dann strenge Deinen Verstand an und dann wolle nicht alles Herz allein haben, sondern laß andern ein klein Stück.
Aber eine höchst nötige Bedingung ist: daß Härtels Dir das Geld *vor* der Inangriffnahme der Ausgabe zahlen. Wenigstens die Hälfte in diesem Jahre, wo Du anfängst zu arbeiten! Die 2.

Hälfte – dann oder dann. Das mußt Du mit einem praktischen Mann überlegen.
Deine Arbeit kann ja vor dem Erscheinen beendet sein, und jedenfalls versäumst Du anderen Verdienst deshalb!
Tätest Du bloß die nötige Arbeit dran, so wäre diese allerdings gut bezahlt – Du wirst Dir aber viel mehr Arbeit machen als nötig und als mit 10000 Tlr. bezahlt wird!!!
Bei den Orchester- und Chorsachen wüßte ich einstweilen nicht, was der Redakteur viel zu tun hat. Das Schwierige sind nur die ersten Klaviersachen, und namentlich die, welche Dein Mann zweimal herausgegeben hat.
Ich habe neulich Wüllner und Iwan Knorr (einen jungen Russen, der ganz vorzügliche Orchester-Variationen geschrieben hat) begleitet und bin dann 2 Tage im Ampezzo-Tal spazieren gegangen. Schöner kann man sicher nicht spazieren gehen!
Unsre Landschaft gleicht beiläufig der vom Starnberger See, nur haben wir größere Berge im Hintergrund, die Karawanken. Auf dem heutigen Bild siehst Du M[eine] W[enigkeit] vom Ufer; unser Pörtschach liegt gegenüber links.
Aber im Ampezzo-Tal wärst Du entzückt gewesen! Über alles, die Berge (Dolomitenfelsen von den eigentümlichsten Formen und Farben, daß man sich nicht satt sieht), die Seen, die Blumen, die prachtvolle Straße und was alles.
Große Freude war mit Wüllners Besuch – über seine Angelegenheit mag ich freilich nicht erst schreiben.
Für Elise wiederhole ich den allerherzlichsten Glückwunsch und für Euch alle die besten Grüße.
Nochmals erinnere ich an die Bedingung: das Honorar *von jetzt ab* zu zahlen.
Auch etwaige trübe Ahnungen brauchen Dir keine Skrupel zu machen. Ich bin ja Mitarbeiter, und Dein Name auf dem Titel ist ja auch vor der vollendeten Arbeit berechtigt.
Laß recht bald hören

Deinen Johannes

Das Postskriptum des nächsten Briefes bezieht sich auf eine Mitteilung von Clara: »Neulich schickten mir Härtels eine Volksausgabe meiner bei ihnen erschienenen Kompositionen; da fand ich ›Pièces fugitives‹ übersetzt mit ›Fugierte Stücke‹. Wie findest Du das«?

Wien, [Ende] Oktober 1879

Liebe Clara,
ich möchte Dich immer so gern etwas beruhigen, weiß aber bei der Einfachheit der Sache gar nicht recht es anzufangen. Ich sagte Dir schon oft, daß Härtels die Gewohnheit haben, andre zu treiben, sich selbst aber immer alle Zeit lassen. Wie konntest Du Dich jetzt aber dadurch im geringsten aufregen lassen? Sie haben ja eine Masse zu stechen, und jetzt eben alles, für das sie Vorlagen geschickt haben [...]
Man diktiere ihnen nur, daß sie (ich denke mir) weitere Vorlagen zu Klaviersachen schicken. Von Op. 4 an. Einstweilen zurücklassen möchte ich *nur* Op. 13, 14 und 22. (Letzteres des 2. Finales wegen.) Sonst können sie alle Klaviersachen gleich stechen, und ich rate Dir dringend, sie vorher so gut wie gar nicht anzusehen! Das wenige, das Du etwa zu bedenken haben könntest, hat Zeit bis die Korrektur kommt!! Nun könntest Du ja alle möglichen Freunde (ich meine z. B. außer Bargiel und Frank auch Levi, Volckland, Grimm, etc.) bitten, sie möchten Dir auf ein Blatt alles aufzeichnen, was ihnen in den Symphonien und Ouvertüren Falsches oder Bedenkliches vorkommt!
Für einen kleinen unnützen Fehler werden wir dann eine ganze Masse Unsinn und Lappalien zu lesen kriegen.
– Ich bin unterbrochen, eigentlich aber hatte ich und wußte ich auch nichts zu schreiben und versuche es jetzt nicht weiter! Laß mir nur bald Sachen zukommen.

Mit herzlichem Gruß
Dein Johannes

[...] Der Witz von Härtels mit Deinen fugierten Stücken ist köstlich! Kannst Du mir nicht ein Exemplar schicken? Es versteht sich, daß es Deiner Kompositionen wegen ist, der Witz muß aber auch dabei sein!!
Du siehst aber daraus, wie es bei Härtels hergeht, und was da für Konfusionsräte sind! Ich habe hier Sonntag im Hofopernhaus mein Requiem zu dirigieren. Vorher Ouvertüre Athalia [Händel], nachher Eroica-Symphonie – damit Du in Gedanken etwas zuhören kannst. Eigentlich wollte der Direktor lauter Brahms, aber ich habe dies bessere Programm gemacht. Der 2. und 3. November sind nämlich die Aller-Seelen und Aller-Heiligen-Tage, wo alle Welt die Gräber besucht und

abends »Müller und sein Kind« [Schauspiel von E. B. Raupach] oder ein Requiem hören will.
Jetzt geben sie hier Idomeneus, was mir große Freude gemacht hat.
Da ich hier nichts weiter schreibe, so hast Du den Ärger, nicht einmal 2 leere Seiten abreißen zu können!
Aber allerschönstens und allerseits grüße ich und gehe in die Probe.

Herzlich Dein J. B.

Das jüngste Kind von Joseph Joachim wurde am Geburtstag von Brahms geboren.

AN JOSEPH JOACHIM

[Wien, 13. Mai 1877]

Meinen herzlichsten Glückwunsch, lieber Freund. Der siebente Mai scheint mir wirklich ein besonders lieblicher Tag, die Welt zu begrüßen. Das Beste kann man ja in dem Fall nicht mehr wünschen – nicht geboren werden, soll's sein. Möge nun der neue Weltbürger solches nie denken, sondern lange Jahre sich des 7ten Mais und seines Lebens freuen.
Von hier soll ich eine Menge Grüße an Deine Frau ausrichten. Ich versuche aber nicht, sie herzuzählen, denn ich mag keinem Einzelnen ein Unrecht zufügen, ihn zu vergessen. Ich sage also nur die meinen, und von Herzen. Das ist ein vergnügter Frühling für Dich!

Bestens Dein Johs. Br.

AN JOSEPH JOACHIM

[Pörtschach, Mai 1878]

Lieber Freund,
Ich will Dir immer schreiben, wie große Freude es mir macht, daß Du Pfingsten meine Sinfonie [die Zweite] aufführst – ich komme nicht dazu, aber ich komme nach Düsseldorf, und das spricht jedenfalls deutlicher, denn ein Interesse an dem Werk läßt mich nicht so weit reisen. Übrigens freue ich mich auch auf manchen Klang, den ich wohl denke, aber nicht aus dem Orchester herausdirigiere. Du aber kannst und tust das.
Ich bin wieder in Kärnten hängen geblieben; aus Österreich gehe ich immer ungerner hinaus – wenn ich mir nicht etwa gar Italien angewöhne. Meine neuliche Probefahrt durch das Land

war herrlich. Hoffentlich aber war's nur ein Vorläufiges und nehme ich's das nächste Mal und bald ernstlicher.
Also auf Wiedersehen zum fröhlichen Pfingstfest: Du hast keinen vergnügteren und dankbareren Zuhörer als mich.
Mit besten Grüßen an Dich und Deine Frau

Dein Johannes Br.

Brahms schrieb damals ein Violinkonzert. Seine erste Mitteilung darüber an Joachim ist ganz in seinem Stil.

AN JOSEPH JOACHIM

[Pörtschach, 21. August 1878]

Lieber Freund,
Ich wüßte gern, wie lange Du dort bleibst, und schicke Dir gern eine Anzahl Violinpassagen! Die dazu gehörige Bitte brauche ich kaum auszusprechen, und es frägt sich nur, ob Du nicht so versunken in Mozart und vielleicht Joachim selbst bist, daß Du dafür ein Stündchen Zeit hast!

Mit schönstem Gruß allseits
Dein J. Br.

AN JOSEPH JOACHIM

[Pörtschach, 22. August 1878]

Lieber Freund,
Jetzt, wo ich sie ausgeschrieben habe, weiß ich doch eigentlich nicht, was Du mit der bloßen Stimme sollst.
Ich wollte Dich natürlich bitten zu korrigieren, meinte, Du solltest nach keiner Seite eine Entschuldigung haben – weder Respekt vor der zu guten Musik, noch die Ausrede, die Partitur lohne der Mühe nicht. Nun bin ich zufrieden, wenn Du ein Wort sagst, und vielleicht einige hineinschreibst: schwer, unbequem, unmöglich usw.
Die ganze Geschichte hat vier Sätze; vom letzten schrieb ich den Anfang – damit mir gleich die ungeschickten Figuren verboten werden!
Es ist doch schade, daß ich nicht in Berchtesgaden wohne.
Grüße die Deinen alle schönstens, und das Weitere warte ich ab.

Herzlich Dein J. Br.

Ein paar Monate später ist das Konzert vollendet, aber Brahms äußert noch immer allerhand Zweifel.

AN JOSEPH JOACHIM

[Wien, November 1878]

Lieber Freund,
Zweierlei hat mich die Zeit her recht geplagt; ein Nein und ein Ja.
Ich wollte Dir nämlich meine Finger anbieten für deine Konzerte hier, dagegen mein Konzert für Violine gern noch für mich behalten. Zu ersterem habe ich mich durchaus nicht entschließen können, ich schäme und ärgere mich deshalb.
Gar zu sehr habe ich meine Abneigung gegen alles Konzertieren anwachsen lassen und gar zu sehr mich daran gewöhnt, nur mir vorzuspielen. Nun aber ist es mir ein ganz trostloser Gedanke, daß Du Dich in hiesigen Landen herumtreiben sollst und ich ganz stumm danebenstehen. Da könnte denn nur mein Konzert helfen, das wir hier, in Pest oder Prag musizieren könnten. Wäre nicht diese Deine Reise, so hätte ich das Konzert jedenfalls einstweilen liegen lassen, ich halte es – doch usw. Eine Stimme habe ich schön schreiben lassen und möchte Dir die Partitur dazu schicken, damit Du ehrlich sagen kannst – ob das denn Gastfreundschaft heißt! Die Mittelsätze sind gefallen – natürlich waren es die besten! Ein armes Adagio aber lasse ich dazu schreiben.
Den Leipzigern schenken wir wohl besser das Vergnügen, hier können wir's schließlich noch am Klavier überlegen.
Ich denke Du bist von Holland zurück – hast Du mir denn nicht furchtbar übelgenommen, daß ich Epstein spielen lasse? Das meine ich sehr ernsthaft und gehe jetzt spazieren und mache mich herunter!

Herzlichst Dein J. B.

AN JOSEPH JOACHIM

[Wien, Mitte Dezember 1878]

Lieber Freund,
Ich schicke hier die Stimme und sage nur dazu, daß mir alles recht ist, was Du verfügst.
Die Orchesterstimmen werden auch für den 1ten Januar rechtzeitig fertig, falls Du das Stück in Leipzig spielen willst. Ich dächte in dem Fall ein paar Tage früher Dich in Berlin abzuholen. In Pest wär's eigentlich lustig!

Sehr recht ist mir auch, wenn wir es hier gemütlich am Klavier betrachten und Du es ganz gelegentlich probierst. Kurz, mache was Du willst.
Die Partitur können mein Kopist und ich natürlich doch nicht entbehren; ich schicke ein paar Blätter, die mir nötig scheinen, bitte aber, sie recht gleich zurückzuschicken. Recht angenehm wäre mir, wenn Du nur auf eine Karte schriebst: Empfangen! Zwei Stück, da ich zwei Kuverts nehme.
Daß Ihr in Berlin ein Orchester-Konzert gebt, scheint mir zu sagen, daß Deine Variationen [für Violine und Orchester] fertig sind!
Falls Du für Leipzig doch Lust haben solltest, laß es mich bald wissen: wir spielen es dann in der Beethovenstraße vorher am Klavier.

Mit besten Grüßen an alle
Dein Johs.

AN JOSEPH JOACHIM

[Wien,] März 1879

Lieber Freund,
Ich danke bestens für Deine Nachrichten. Daß Du das Konzert länger behältst, ist kein Unglück für das Stück und die Welt.
Aber sehr begierig bin ich, wie häufig und wie energisch sich hernach Deine Handschrift in Partitur und Stimme zeigt, ob ich »überzeugt« sein werde oder noch einen andern fragen muß – was ich nicht gern täte. Ist das Stück denn, kurz gesagt, überhaupt gut und praktisch genug, daß man es drucken lassen kann?
Ich denke nächstens nach Frankfurt, Köln usw. zu fahren.
Schicke doch das Konzert lieber einfach an Frau Schumann (32 Myliusstr.). Wenn Du daran denkst: lieber Partitur und Stimmen gesondert, in zwei Paketen! Daß das Unikum nicht umkomm!
In deutschen Zeitungen steht, daß Du im Begriff bist, Deine Berliner Stellung gegen eine Londoner zu vertauschen. Hoffentlich lügen sie wie gewöhnlich; leider ist aber doch das Gegenteil sehr möglich?!

Von Herzen Dein
J. Brahms

Die Widmung eines der bedeutendsten Klavierwerke, der Zwei Rhapsodien für Klavier Op.79, war ein Ausdruck der Verehrung für Elisabet von Herzogenberg.
Brahms schreibt ihr nach Florenz:

AN ELISABET VON HERZOGENBERG

[Wien Mai 1880]

Verehrteste Freundin!
Es ist wirklich nicht hübsch von Ihnen, daß Sie so weit wegreisen und nicht einmal Ihre Adresse sagen! Die besten Geschäfte können dadurch ins Stocken geraten, und ich habe heut – geschäftlich zu fragen.
Wenn Herr Astor den Brief nicht zu besorgen weiß, ist es nicht meine Schuld. Herr Simrock aber kümmert sich nicht um meine Schmerzen und schickt ein leeres Titelblatt in die Welt.
Ich möchte nämlich die beiden Ihnen bekannten Klavierstücke herausgeben.
Wissen Sie einen besseren Titel als »Zwei Rhapsodien für das Pianoforte«? – eine bessere Widmung wissen Sie nicht, aber erlauben Sie, daß ich auf den Schmarrn Ihren lieben und verehrten Namen setze?
Aber wie schreibt sich der? Elsa oder Elisabet? Freifrau oder Baronin? Geboren oder nicht?
Verzeihen Sie alles mögliche dem tumben Knaben, aber sagen Sie gleich ein Wort und zwar nach Ischl, Salzburgerstraße 51, wohin ich morgen zu fahren denke. Hoffentlich sagen Sie zugleich einiges mehr und namentlich, daß es Ihnen vorzüglich geht und daß Sie in der herrlichen Stadt schwärmen!
Eiligst und mit herzlichsten Grüßen an Sie und Herrn Heinz.

Ihr ergebener J. Br.

Der folgende Brief ist eine Illustration der Brahmsschen Selbstkritik. Er sendet Billroth die ersten Sätze von zwei Trios. Eines in C-Dur erschien mehrere Jahre später als Op. 87. Das andere, in Es-Dur, über das sich Billroth mit Entzücken äußerte, ist nie zum Vorschein gekommen.

AN THEODOR BILLROTH

[Ischl, Sommer 1880]

Lieber Freund!
ich komme wohl am leichtesten zum Briefpapier, wenn ich Dich bitte, mir ein wenig beim Komponieren zu helfen!

Unser guter Alter (Hlavaczek, Lammgasse 12) schreibt gern behaglich; so gib ihm doch beifolgende Anfänge, daß er mir zunächst die Stimmen ausschreibe. Auch die Partitur hätte ich hernach ganz gern kopiert, zuerst die C-Dur. Ist's denn der Mühe wert, daß man weiter damit spazieren geht?
Ischl aber muß ich sehr loben, und da nur mit dem Einen gedroht wird, daß halb Wien sich hier zusammenfindet, so kann ich ruhig sein – mir ist das ganze nicht zuwider.
Ich wohne höchst behaglich Salzburger Straße 51. An Konkurrenten habe ich einstweilen nur Frank und Brüll hier, jetzt konkurrieren wir wohl im Spazierengehen und Bummeln – da bin ich all meinen Kollegen weit über!
Dir und den Deinen für die Ferien Ischl zu empfehlen, brauche ich wohl nicht, Du wirst es kennen. Vielleicht hält Dich das Klima ab; es ist sehr warme weiche Luft und regnet viel. Dagegen aber sind die Wohnungen, Wege und auch die Wirtshäuser gut.
Du solltest es doch bedenken und besehen!
– Aus – und ich schließe mit dem ruhigen Bewußtsein, daß dieser Bogen so unnütz wie die andern! Nächstens aber kommen die neuen Ungarischen [Tänze für Klavier zu vier Händen], ich meine, die werden uns Spaß machen.
Sei recht von Herzen gegrüßt und empfiehl mich bestens im Haus.

Ganz Dein J. Brahms.

Die Beilagen bitte ganz für Dich zu behalten und so auch Hlavaczek instruieren!

Ein Zerwürfnis mit Joachim warf für Jahre einen Schatten über diese Freundschaft. Der Anlaß war die Ehescheidung von Joachim, bei der Brahms mit Entschiedenheit für seine Frau Partei genommen hatte.

AN JOSEPH JOACHIM

[Ischl, 27. Juli 1880]

Lieber Freund,
Nicht viel, aber ich hatte doch gehofft, Dein Brief möge tröstlicher und hoffnungsvoller klingen als es nun der Fall ist. Er hat mich ernstlich traurig gemacht und kommt mir oft und schwer genug in die Gedanken. Wie vieles vereinigte sich bei Euch, das an ein langes glückliches Zusammenleben glauben

ließ. Und nun – ! Eine eigentliche ernstliche Ursache ist schwer zu denken; sie ist auch schwerlich vorhanden. Ich sehe hierin leider überhaupt leicht trüb: allein gewiß kommen zwei Menschen leichter auseinander als wieder zusammen, wie man auch wohl den Verstand leichter verliert als wieder kriegt. So mag ich weder viel sagen noch fragen; nur von Herzen wünschen will ich, es möge ein Unerwartetes – doch kein Unheil – die Sache zum Guten wenden.
Und die Dissonanz einer zerrissenen Freundschaft ist nun auch dazu gekommen! Ich denke nicht, daß Du jetzt Sinn hast für meine Arbeit und für eigene. Doch schicke ich immerhin die Sachen *mit meiner Karte* Dir zu, was wohl umso eher geht und Dir recht ist, da S[imrock] nicht in Berlin ist.
Wenn etwas vorkommt, das mir Neues sagt, wirst Du mir es nicht vorenthalten. Der Gedanke an Euch drängt sich mir beständig auf, ein Wort von Besserem wäre mir eine Befreiung.

In herzlicher Gesinnung
Dein Johannes

Brahms hatte schon seit einiger Zeit ein merkwürdiges Symbol für eine sehr reife, schon beinahe herbstlich überschattete Lebensperiode gefunden, in die er nun eingetreten war. Vor einer Konzertreise nach Breslau schreibt er einem alten Freund, der dort als Musikdirektor tätig war:

AN BERNHARD SCHOLZ

[Ende September 1878]

Lieber Freund,
[...] Solospielen schenke mir doch, ich spiele oder übe gar nicht und schlage immer ab, überhaupt zu spielen!
Aber das Schlimmste: ich komme mit einem großen Bart! Bereite Deine Frau auf das Entsetzliche vor, denn schön kann ein so lang unterdrückter nicht sein.
Mein Quintett kommt wohl nicht aufs Programm? Welches meiner Stücke sonst, ist Wurscht.

Dein J. B.

Es war vermutlich der Initiative von Bernhard Scholz zu verdanken, daß Brahms von der Breslauer Universität die Würde eines Ehrendoktors verliehen wurde. Für die Promotionsfeier schrieb Brahms seine ›Akademische Festouvertüre‹, und er ließ ihr unmittelbar ein zweites Werk der gleichen Gattung folgen, das er ›Tragische Ouvertüre‹ nannte.

Diesmal bezogen sich seine gewohnten Skrupel bereits auf die gewählten Titel.
Scholz hatte seiner Gratulation hinzugefügt: »Willst Du uns nicht eine Doktor-Symphonie für Breslau schreiben? Einen feierlichen Gesang erwarten wir mindestens.«

AN BERNHARD SCHOLZ

[Ischl, August 1880]

Lieber Freund,
Damit Du Dich nicht allzusehr mit Deinem Gaste blamierst, habe ich für den 4. Januar eine »Akademische Fest-Ouvertüre« geschrieben. Der Name gefällt mir nicht gerade, fällt Dir ein andrer ein? [...]
Ich denke bisweilen, Du möchtest mich am 4. mit meinem »Violinkonzert« und Eurem Konzertmeister erfreuen wollen. Da möchte ich denn bitten, dies nicht zu tun. Joachim (und Rich. Barth) sind aus verschiedenen Gründen wohl nicht möglich, und für Euren H[immelstoß] habe ich einmal keine besondere Sympathie, wie Du vielleicht schon gemerkt hast. Vielleicht tue ich ihm unrecht?
Nun grüße die Frau und die Großen und die Kleinen bestens. Hoffentlich kommt auch bei Euch der Sommer endlich zu Verstand, und genießt Ihr ihn ordentlich.

Herzlichst Dein
J. Brahms

Theodor Billroth wohnte in diesem Sommer in St. Wolfgang, nicht weit von Ischl.

AN THEODOR BILLROTH

[Ischl, 28. August 1880]

Lieber Freund!
Es wäre hübsch, wenn Du einmal wieder herüberkämst. Brüll treffen wir immer, aber da ich weniger häuslich bin, so wäre ein Wort vorerst erwünscht.
Immer täglich will ich hinüberfahren, aber es bleibt bei der Absicht. Auch mit Frau Sch[umann] habe ich eine Fahrt zu Dir geplant – das ist allerdings etwas unsicher
Die »Akademische« hat mich noch zu einer zweiten Ouvertüre verführt, die ich nur eine »Dramatische« zu nennen weiß – was mir wieder nicht gefällt. Früher gefiel mir bloß meine

Musik nicht, jetzt auch die Titel nicht, das ist am Ende Eitelkeit – ?
Sonntag mittag esse ich wohl bei Brüll.
Dafür kommt dies aber wohl zu spät?

Mit besten Grüßen Dein
J. Br.

Für Scholz klingt der Titel »verflucht akademisch«, er schlägt »Viadrina« vor, nach dem lateinischen Namen der Oder (Viadrus), an der Breslau liegt.

AN BERNHARD SCHOLZ

[Ischl, 17. September 1880]

Lieber Freund,
Herrn Hainauer kann ich leider nicht unglücklich machen, da ich die Violinen immerhin schon einstweilen stechen lasse, es sich auch um 2 »Ouvertüren« handelt. Du kannst nämlich für den 4. Januar noch eine »dramatische« oder »tragische« oder »Trauerspiel-Ouvertüre« aufs Programm setzen. Du siehst, auch diesmal kann ich keinen Titel finden; kannst Du helfen?
Viadrina klingt nicht schön und ist gar so unbekannter Name; lange und viel mußte ich fragen, bis ich von der schönen blauen Oder erfuhr.

Besten Gruß. Dein J. B.

AN BERNHARD SCHOLZ

[Wien, ca. 24. September 1880]

Lieber Freund,
Können wir nicht der Zeit oder dem freundlichen Zufall noch einiges überlassen?
Die [Haydn]»Variationen« sind mir recht.
Gegen Frl. Hahn und Asmann habe ich nichts; vielleicht zeigen sich aber noch schönere Sterne? Haben wir meine 2. Liebeslieder bei Euch gemacht? sonst ginge das vielleicht im Quartett?
Aber nicht hierzu, sondern zum Konzert müßten doch die Herrn Professoren geladen werden!? Wir können doch nicht die »Viadrina« à 4 ms. vorspielen!?
Im Quartett will ich wohl Klavier spielen – im Konzert tue ich's nicht gern; ich spiele so selten, daß es besser gar nicht geschieht. Wie gesagt, im Quartett zwischen Ensemble-Sachen will ich's

riskieren. Mit dem »Beanspruchen« könnt Ihr's halten, wie ihr wollt.
Ich komme eben von Ischl zurück, die letzte Zeit kutschierte ich viel herum – verzeih deshalb das Schweigen und dies Schreiben Deines eiligsten

J. Brahms

AN HERMANN DEITERS

Sept. 1880

Geehrtester Freund,
Besten Dank für Ihre Freundlichkeit, aber ich muß mich wohl vor weitern Konzertplänen hüten! Ich habe schon mancherlei versprochen und weiß aus Erfahrung, daß man gewöhnlich auch um den Tag kommt, an dem man unterwegs einen guten Freund zu besuchen dachte.
Hübscher wär's doch überhaupt, Sie kämen nach Breslau.
Am 4. Januar hörten Sie auch zwei neue Ouvertüren von mir. Eine recht lustige »Akademische Festouvertüre« und eine recht »tragische« (für beide suche ich übrigens eigentlich noch hübschere Titel, fällt Ihnen was ein?
Das Thema zu meinen »Haydn-Variationen« ist das (ganze) Andante aus einem Divertimento für Blasinstrumente. Es ist (bis auf die Geigen) genau so bei Haydn instrumentiert und auch bezeichnet.
Die »Volkslieder« [Deutsche Volkslieder, für gemischten Chor gesetzt] habe ich nicht da; ich sehe sie auch nicht gern, will ihnen aber nichts Böses nachsagen, da sie so bescheiden schon mit dem zweiten Heft aufhören.
Die geistlichen Melodien sind wohl meist aus Corner und vielleicht Meister, die weltlichen aus Nicolai und Zuccalmaglio, beides viel und, wie ich meine, mit Unrecht geschmähte Bücher, die nicht aufhören, mich zu interessieren.
Ihr Heft werde ich mit oder ohne Ihre Erlaubnis lesen und umso lieber, wenn mehr von meiner Musik als von meinen Liebes- und andern Abenteuern die Rede ist!
Wegen Breslau aber hörte ich gern noch ein Wort. Es wäre mir eine große Freude, Sie einmal wieder zu sehen und Sie als Zuhörer zu haben.

Mit besten Grüßen an Sie und die Ihrigen
Ihr herzlich ergebener J. Brahms

AN KARL REINECKE

[Wien, 7. Oktober 1880]

Lieber Herr Reinecke,
Erlauben Sie die eilige Karte als schlechten Dank für Ihren freundlichen Brief. Ich bin bis 6. Januar in Breslau und führe dort zwei Ouvertüren auf. (Die eine weint, die andre lacht.) Falls Ihnen diese zufällig für den 13. Januar passen sollten, so würde ich das Vergnügen haben können, sie Ihnen vorzuführen. Es bleibt Ihnen dann genügend Platz für Besseres, das zu hören sehr erfreuen wird

Ihren ganz ergebenen
J. Brahms

AN CLARA SCHUMANN

Rom, April 1881. Mittwoch.

Liebe Clara,
Deine Briefe habe ich dankbarst von der Post in Empfang genommen. In Siena den ersten und hier den 2., denn *eine* Ladung Briefe habe ich hierher schicken lassen. Aber schreiben mag ich hier nicht und kann nicht, so klein ich auch auf dem kleinen Format anfange.
Wie oft denke ich an Dich und wünsche Deinem Auge und Deinem Herzen die Wollust, die hier Auge und Herz empfinden. Wenn Du nur eine Stunde vor der Fassade des Siener Doms ständest, Du wärest selig und meintest, das wäre für die ganze Reise genug. Und nun trittst Du ein, aber da ist auf dem Fußboden und in der ganzen Kirche kein Fleckchen, das Dich nicht in gleichem Maß entzückte. Und morgen in Orvieto mußt Du gestehn, *der* Dom sei eigentlich noch schöner. Und nun hier in Rom untertauchen, das ist eine Lust, gar nicht zu sagen.
Ich würde auch nicht ablassen, Dich herzuziehen – wenn ich freilich geschickter als Führer wäre, aber auch, wenn ich den Mut hätte, alle die kleinen Leiden mitzutragen, die Euch Frauen das Reisen erschweren, und die in Deinem Alter auch sehr berechtigt sind. Du mußt einmal mit Marmorito reisen, denke ich mir, oder nächsten Herbst mit Elise, ihrem Mann und Marie und Eugenie. Jedes jegliche Einzelne lohnt durchaus die Reise, desto langsamer und behaglicher, desto genußvoller. Venedig, Florenz, Rom, Neapel und so viel wie möglich oder was Ihr wollt dazwischen.

Bis hieher bin ich mit Billroth und Nottebohm gefahren. Vermutlich fahre ich mit ersterem nächsten Montag nach Sizilien. Auf der Rückreise bleibe ich wieder hier und wo sonst noch.
Nun aber noch rasch besten Dank für Deine freundliche Absicht, mir einen Koffer zu kaufen. Eigentlich hätte ich hieran genug; ich bin wirklich ein so wenig verwöhnter und raffinierter Mensch, als daß nicht so was Besonderes Verschwendung bei mir wäre. Zudem bedenke die Umstände, die Dir das Ding macht. Solltest Du doch das Kaufen nicht lassen, so bitte ich, daß er *nicht* größer als mein gewöhnlicher ist. Noten müssen natürlich darin liegen können, und die Hauptsache an einem Koffer scheint mir, daß er zur Hälfte verkleinert werden kann. Meinen habe ich jetzt genau zur Hälfte voll und kann ihn immer im Kupee bei mir haben! (Und voll und schwer ist er nur von den dicken Reisebüchern.) Kaufe Dir ja für Italien nur Baedeker! 2 Notenhefte müßten also für meinen Geschmack und mein Bedürfnis das Mass geben. Aber, wie gesagt, bei mir lohnt sich die Mühe nicht.
Nach Utrecht gehe ich natürlich nicht. Hier ist meine Adresse: *Hotel Orient, Via del Tritone.* Ich komme jedenfalls über hier zurück, und denke auch etwas wieder zu bleiben.
Du solltest doch jetzt mit Elisen den festen Plan herrichten, jedenfalls zum Herbst nach Italien zu reisen, im nächsten Frühling dann hoffentlich zum zweitenmal! Ich glaube, der Frühling ist die beste Zeit, es reisen auch immerhin nicht so viele wie im Herbst. Uns steht die schönste Zeit noch bevor, es ist sehr früh im Jahr und kommt erst jetzt allmählich alles heraus. Du hast gar keine Ahnung von solcher Schönheit, und Du hast Dir nur Mühe zu geben, sie auch mit Behagen zu genießen. Nächstes Jahr mußt Du Dich Ende März freimachen, dann fahre ich immer neben Euch her – bis dahin bin ich aber ein fester Italiener und kann Euch doch nützen.
Daß es Dir in England gut gehe, hatte ich schon erwartet, nun freue ich mich für Dich auf die Frankfurter Ruhe.

Mit herzlichem Gruß
an Dich und Marien
Dein Johannes

AN CLARA SCHUMANN

Rom, Montag, den 25. April 1881

Liebe Clara,
hier kommt wieder ein kurzer und sehr länglicher Gruß! Ich will nur melden, daß ich langsam nach Hause reise. Am Donnerstag denke ich nach Siena zu fahren, wo ich mir gern am Freitag einen *poste restante*-Gruß von Dir abholen würde! Ich hörte doch gern, daß Du gesund und fröhlich zurückgekommen und nicht zu sehr angestrengt.
Auf meiner Reise ist ja nur von den herrlichsten Genüssen die Rede, es fehlt leider die Zeit – mir auch die Gabe, davon zu schreiben. In Sizilien war's auch, namentlich in Taormina und Girgenti, unbeschreiblich schön. Auch in Catania war ich und in Palermo. Hier lernte ich den Museumsdirektor kennen, bei dem Felix verkehrte, und mit dessen Frau er viel musizierte.
Billroth ist vor einigen Tagen nach Haus gereist, wo er jetzt zum drittenmal in diesem Jahr den Frühling – sehr langsam – kommen sieht. In Sizilien ging die Erdbeeren-Zeit zu Ende, hier ist sie am Anfang, und bei Euch ahnt man sie erst. Auf der Rückreise von S. nachts auf dem Dampfschiff hat Billroth einen kleinen Weltbürger helfen herauskommen! Darüber hat er Seekrankheit und alles vergessen; ist aber wohl gelungen, dies ihm nicht geläufige Experiment.
Du wirst auch eine Masse Korrekturen vorgefunden und mir wohl einige zugeschickt haben?
Ich denke in den ersten Tagen des Mai zu Hause zu sein – eigentlich ist es unrecht, und das nächstemal darf mir niemand und auch ich selbst nicht von Nach-Hause-reisen reden! Macht nur jetzt endlich für den Herbst italische Pläne! Venedig, Florenz, Perugia, Assisi – Rom, und zurück über Orvieto, Siena, Florenz. Noch besser, auch die Reise nach Neapel dranwenden, wo Ihr an Dohrn, dem Direktor des Aquariums (ein Bruder der Frau Wendt in Karlsruhe) den angenehmsten Rückhalt fändet.

Herzlichsten Gruß Dein Johannes

Vom Sommer dieses Jahres datiert eine große Schöpfung von Brahms, sein Klavierkonzert in B-Dur. Man ist versucht, in der ruhigen, majestätischen Größe dieses Werks die Herrlichkeit der italienischen Renaissancewelt gespiegelt zu sehen, die ihn damals so entzückte.
Der erste, der das neue Werk kennenlernen durfte, war Billroth.

AN THEODOR BILLROTH

[Preßbaum, Juli 1881]

Lieber Freund!

Hier schicke ich ein paar kleine Klavierstücke und bitte – daß Du sie niemand anderem zeigst und daß Du sie mir so bald als irgend möglich nach Preßbaum (Westbahn) zurückschickst. Falls sie Dich interessieren und Du Dir aus den gar zu flüchtigen und schlecht gezogenen Strichen überhaupt ein Bild machen kannst, so sagst Du vielleicht ein Wort. Andernfalls müßtest Du Dich gedulden, bis in besserer Schrift sie nochmals vorzustellen sich erlauben wird

Dein J. Br.

AN ELISABET VON HERZOGENBERG

[Preßbaum, 7. Juli 1881]

Liebe Freundin!

Nur ein eiliges Wort des Dankes für Ihren so lieben Brief. Grade hatte ich – nicht so gut wie Sie – eine lumpige Karte abgeschickt!

Daß man alles mögliche für eine Mutter tut, verstehe ich. Wenn Sie aber zu dieser Zeit nach Venedig zu gehen gedenken, haben Sie doch wohl einen Arzt deshalb gefragt!!??

Ich wohne für den Sommer in *Preßbaum* bei Wien. Ganz reizend wohne ich und muß oft denken, wie hübsch die kleine Villa für Sie beide paßte! Sie angehend, habe ich Halle und Jena verwechselt – verderben Sie nicht Ihre Kur durch die Reise nach Venedig!

– – – – Gern schickte ich Ihnen 'was anderes und Besseres als diese fliegenden Zeilen; aber es geht halt den Moment nicht. Erzählen will ich, daß ich ein ganz ein kleines Klavierkonzert geschrieben mit einem ganz einem kleinen, zarten Scherzo. Es geht aus dem B-Dur – ich muß leider füchten, dies sonst gute Milch gebende Euter zu oft und stark in Anspruch genommen zu haben.

Frau Schumann reist gerade nach Gastein. Den Herbst *denkt* sie nach Italien zu gehen!

Aber ich bin im Begriff, nach Wien zu fahren, und Ihr Aufenthalt »beim« Paradies geht zu Ende. Ich bitte nur, mich ein wenig »im laufenden« zu halten. Und auf Berchtesgaden möchte ich mich einstweilen freuen dürfen.

Mit besten Grüßen Ihr herzlichst ergebener J. Br.

Aus der selben produktiven Zeit stammt ein Chor- und Orchesterwerk nach Schiller, ›Nänie‹, das dem Andenken von Anselm Feuerbach geweiht und seiner Mutter gewidmet ist.

AN HENRIETTE FEUERBACH

[August 1881]

Hochverehrte Frau!
Erlauben Sie, daß ich ohne weitere Vorrede eine Bitte vortrage. Ich habe in der letzten Zeit das Gedicht »Nänie« von Schiller für Chor und Orchester komponiert. Gar oft mußte ich, wenn mir die schönen Worte durch den Sinn gingen, Ihrer und Ihres Sohnes gedenken, und ich empfand unwillkürlich den Wunsch, meine Musik seinem Gedächtnis zu widmen. Damit dies ein äußeres Zeichen habe, erlaube ich mir die Frage, ob ich das Stück, falls ich es veröffentliche, Ihnen zueignen darf.
Es ist möglich, daß Sie dies nicht wünschen, ja daß Sie nicht gerade gerne an mich erinnert sind? Denn u. a. haben Sie zu einer Zeit, in der Ihnen gewiß viele Zeichen der Teilnahme wurden, von mir kein Wort gehört. Und doch werden wenige herzlicher Ihrer gedacht haben, und gewiß wenige Ihren herrlichen Sohn ernstlicher verehren als ich. Falls mir Ihr Wohlwollen ein wenig erhalten blieb, und falls es Ihnen kein unangenehmer Gedanke ist, Ihren und den Namen Ihres Sohnes in der angedeuteten Weise mit dem meinen verbunden zu sehen, bitte ich um ein Wort der Einwilligung.

In hoher Verehrung
Ihr ergebener Johs. Brahms

AN THEODOR BILLROTH

[22. Augsut 1881]

Lieber Freund!
So eine eigentliche »Gartenmusik«, wie Du sie öfters bestellt, ist das [›Nänie‹] nun gerade nicht, aber die schönen Worte können Dich doch eine derartige Situation empfinden lassen? Aber ärgerlich wär's, wenn Du in aller Stille nach Paris gereist wärst! Ich wünsche natürlich wie gewöhnlich die Noten gleich zurück; wollte Dir nur zeigen, daß ich an Deinen Auftrag bisweilen denke. Wenn Dir das Stück übrigens nicht gefällt, so bedenke, daß der Rhythmus, die Hexameter gar zu schwer für einen Musiker sind.
Es ist auch ein Unsinn, dergleichen zu versuchen usw.

Ich will auch immer Dein Sommerlogis besehen, es ist nur gar so weitläufig – warum liegt's nicht auch an der Westbahn! Die empfehle ich Dir doch, namentlich Purkersdorf.
Henschel war da, hat sogar einmal in aller Eile in Pötzleinsdorf gegessen bei Richter, hatte aber durchaus nicht die Zeit, Dich aufzusuchen.
Nächstens suche ich Dich aber in Wien und heute grüße bestens

Dein J. Br.

AN FRITZ SIMROCK

[Preßbaum, 19.] September 1881

L. S.
Sie hätten ja wohl eigentlich alles Recht, sehr auf mich zu schelten? Seit längster Zeit sind Sie der musterhafteste Verleger und ich bin nicht musterhaft dankbar ergeben. Es würde sehr unklar herauskommen, wollte ich versuchen, Ihnen zu erklären, was aussehen mag, als wolle ich bisweilen unabhängig sein, und als dächte ich bisweilen an die Zeit, wo Sie endlich genug von meinen Noten haben. Nur eines ist klar; es muß auch Ihnen klar sein, daß dies eine eben alle Unruhe schafft, und daß Sie deshalb wenigstens niemals mein Vertrauen schlecht oder falsch deuten dürfen.
Dies eine ist das leidige Geldverhältnis, wie es zwischen Musikern und Verlegern leider noch üblich ist. Wir Musiker werden darin wie Kinder und Unmündige behandelt, wir wissen nicht im geringsten, was und wie eigentlich bezahlt wird, ob wir beschenkt werden oder schenken, rauben oder beraubt werden. (Ich eile zu sagen, daß ich Ihnen gegenüber nur die Furcht habe, Ihnen unrecht zu tun!) Sie müssen doch begreifen, daß dies ein unbehagliches Gefühl ist, *namentlich grade*, wenn man, wie ich, nicht zu klagen, nur zu bedenken und zu fürchten hat.
Ich habe ja keine Ahnung, ob Sie riskieren, ob Sie auf die Zukunft zu rechnen haben, sich also sehr irren können. Sie müssen notwendig einsehen, daß das keine Gemütlichkeit aufkommen läßt. Warum können wir Musiker nicht das gleiche Verhältnis zu den Verlegern haben wie die Schriftsteller? G. Freytag weiß doch, warum und wofür er Geld kriegt. Alsdann kann einem ja gar nicht einfallen, an einen andern als den längst befreundeten und bewährten Verleger zu denken?

usw. Ich wiederhole nur, daß dadurch kein leisester Schatten auf Ihren herrlichen Verlegercharakter fällt, und daß dies auch kein Versuch sein soll, die Sache noch zu ändern.
Aber unrecht ist es, daß ich bei meiner Beliebtheit nicht diese Änderung durchgesetzt habe. Ich bin aber zu unpraktisch, zu faul, zu schwer von Entschluß – und bei meiner traurigen Solo-Stellung persönlich eben nicht interessiert – Unrecht aber ist es doch.
Also: nun haben Sie das Konzert, und ich wünsche, daß Sie es gut verdauen. Es war sehr gut gemeint – wenn Sie obiges sich überlegen –, daß ich grade den Brocken an Peters geben wollte. Die Nänie gebe ich ihm so ungern – daß ich es vermutlich nicht tun werde.
Als Honorar dachte ich für das Konzert 9000 Mk. wie für das Violinkonzert, und wenn es Ihnen bei diesem nicht nachträglich ein *barer* Unsinn erscheint, so können Sie es hier gern riskieren! Doch sagen Sie es ehrlich, der Geldpunkt kann *uns* nicht auseinanderbringen!
Nun bitte ich dringend, daß Sie das Konzert *noch nicht anzeigen,* auch nicht die Nänie, falls ich sie Ihnen geben sollte, nicht anzeigen, ehe ich sage, daß ich P. irgend unnütze Lieder oder was *gegeben habe.* Klagen aber dürfen Sie nicht über Dr. A[braham], er hat mich mit keinem Wort erinnert.
Ich schicke nächstens die Violinstimmen, weiter wird vor der Hand nichts gestochen! Noch ein Wort wegen der zweihändigen Ouvertüren, die ich nächstens beilege. Das ist reine Geschäftssache. Sie müssen wissen, ob es nötig ist und verlangt wird. K[eller] ist ein vortrefflicher Mann und macht alles so fleißig und ordentlich, daß man nicht tadeln kann. Aber brauche ich Ihnen zu sagen, daß ein zweihändiges Arrangement von ihm den Philister zeigt, und daß es einen irgend geistreichen Spieler nicht interessieren kann? Derartiges von Bülow oder Kirchner (siehe: Arrangements von Liszt) haben gleich ein anderes Gesicht. Ich wollte ändern, aber das geht nicht, man kann nur neu schreiben.
Also tun Sie, was das Geschäft verlangt – aber benutzen mich nicht, um den braven Keller zu kränken!
Die Kiste habe ich uneröffnet gelassen, da ich sie lieber gleich so nach Wien schicken werde. Ich kann ja nicht anders als herzlich danken, daß Sie auch für mich solchen Schmuck an die Ouvertüren gewandt haben – aber wenn Sie sich nun ausmalen,

welche Freude * z. B. hätte, wenn er seine Werke so sähe, kommt Ihnen dann nicht der Gedanke, daß Sie Ihre Güte an einen Unwürdigen verschwenden, wenn sie mir gegönnt wird? Schließlich – möchten Sie mir ganz gelegentlich besorgen und schicken per Kreuzband: J. V. *Widmann*: Rektor Müslins italienische Reise. (Zürich, Schmid.)
Am 16. Oktober denke ich in Meiningen anzufangen! Nämlich das Konzert unter Bülow tüchtig zu üben und zu probieren. .....
..... Endlich *Addio* und herzlichen Gruß von

Ihrem J. Br.

An den Inhaber des Verlags Peters in Leipzig:

AN MAX ABRAHAM

Preßbaum, 23. 9. 81

Sehr geehrter Herr Dr.
Ich hatte die gute Absicht, Ihnen von meiner Musik gleich zentnerweise ins Lager zu schaffen – indem ich Ihnen ein enorm großes Klavierkonzert anbieten wollte. Herr *Simrock* ist Ihnen aber ein viel zu freundlich gesinnter Kollege. Er will das schwere Kreuz durchaus auf sich nehmen und für Sie tragen!
Da kann ich nun nichts machen, als Ihnen einstweilen ein ganz kleines zierliches anbieten.
Es ist ein kleines Stück für Chor und Orchester: Nänie von Schiller, das ich – einstweilen hören möchte.
Herr Simrock hat für den Fall immer die Güte, mir die Violin- und die Singstimmen stechen zu lassen. Der oder die betreffenden Gesangs-Vereine, mit denen ich probiere, schaffen sich natürlich die Stimmen an – vor der eigentlichen Herausgabe, die dann ganz gemächlich erfolgt. Ich weiß aber nicht, ob Ihnen so behagliche überlegene Langsamkeit paßt?
Als Honorar dachte ich 3000 Mark zu empfangen. Doch können Sie das Stück erst beaugenscheinigen, wenn es vom Kopisten zurückkommt.
Mir scheint, Sie übernehmen eine Sammlung Kanons von Stockhausen?
In dem Fall möchte ich dringend bitten, von den meinigen mir *vor* dem Stich die betr. Vorlage zuzuschicken! Schon der Verständlichkeit wegen ist hier Vorsicht nötig. Da ich mit der

Kleinigkeit gefällig sein wollte, so ist es ganz natürlich, daß ich kein Wort höre und gar nicht weiß, woran ich bin.
Des »Konzerts« wegen brauchen Sie mir nicht Ihren Dank und Ihre Freude auszusprechen. Ich hatte wirklich durchaus die böse Absicht. – Wollen Sie jetzt lieber auf das nächste umfängliche Werk warten?
Meine Adresse ist einstweilen noch: Preßbaum bei Wien.

In ausgezeichneter Hochachtung ergeben
J. Brahms

AN FRANZ WÜLLNER

[September 1881]

Magst Du die Freundlichkeit haben, beiliegende Scharteken [Kanons] ein wenig – d. h. möglichst genau und eingehend zu betrachten und zu bedenken?
Stockhausen gibt eine größere Sammlung Kanons heraus und bittet mich, ihm von den meinigen zu geben.
Du wirst gern glauben, daß ich ernstlich dagegen bin, mich in so erlauchte Gesellschaft zu mischen, aber ich kann ihm das schwer klarmachen und also nicht gut den Beitrag abschlagen.
Wenn dies doch gerade einen ruhigen Tag bei Dir träfe! Denn ich muß bitten, mir die Sachen recht umgehend zurückzuschicken, womöglich natürlich mit Bemerkungen über irgend, was Dir auffällt oder mißfällt, den Satz oder den Gesang angehend.
Ich könnte Dir wohl einen Gesang schicken, der Dir mehr musikalisches Vergnügen machen würde, ich hoffe wenigstens. Ich habe die Nänie von Schiller für Chor und Orchester gemacht, sie muß aber zum Kopisten und kann nicht spazieren fahren.
Ich soll im Oktober ein neues Klavierkonzert in Leipzig spielen, kämest Du vielleicht zum Zuhören? Es kann sich wirklich mit jedem messen! ich glaube es ist das längste – !!
Ich wohne noch in *Preßbaum bei Wien* und hoffe, Du bist so freundlich und läßt mich nicht warten! Schreibst auch ein paar Worte dazu, wie es Dir und den Deinigen geht.

Mit den besten Grüßen an diese
Dein J. Brahms

Um diese Zeit hatte sich ein Wagnerianer, Hans von Bülow, mit Enthusiasmus zu Brahms bekannt. Als Hofkapellmeister in Meiningen baute er dort ein Orchester auf, das seiner Forderung nach höchster Qualität entsprach. Seine sehr raffinierte, manchmal gesucht detailfreudige Manier der Wiedergabe war nicht nach dem Geschmack von Clara Schumann und Elisabet von Herzogenberg; Brahms schätzte sehr seine Sorgfalt des Studierens, und Meiningen wurde in diesen Jahren eine Hauptpflegestätte seiner Musik. Bülow bot ihm die Möglichkeit, neue Werke eingehend und ungestört zu proben, und das kunstsinnige Herzogspaar behandelte ihn mit der größten Zuvorkommenheit und Auszeichnung.

AN ELISABET VON HERZOGENBERG

[Wien, 14. November 1881]

Verehrteste Freundin!
Nur weil Sie bei Ihrer Anwesenheit hier davon sprachen, ein oder das andere Konzert in Meiningen mitmachen zu wollen – teile ich Ihnen mit, daß das Konzert mit Werken des allerergebenst unterzeichneten Meisters am 27. November stattfindet. *(Mittags!)*
Am Abend des 26. 7 Uhr ist eine öffentliche Probe, am Morgen könnten Sie privatim die Haydn-Variationen usw. hören. Kurz, Sie können sich riesig überessen an Werken des usw. – in Leipzig aber kriegen Sie die Sachen nicht so gut zu hören!
Ich wohne dort im Sächsischen Hof – sollten Sie wirklich Ernst machen, so bitte ich zeitig dorthin zu schreiben und zu bestellen.
NB. Für das Konzert ist angesetzt »Tragische«, Klavierkonzert, »Akademische« und c-Moll-Symphonie.
NB. Zimmer! Für Billette sorgt der Allerergebenste.
Eigentlich ist es der Mühe wert, namentlich, wenn Sie einige Tage daran wenden und einiges an Proben mitmachen. Die Leute spielen wirklich exzellent, und von solchen Proben, solchem Üben, hat man in Leipzig keine Ahnung. Welche Freude es dem Aller- usw. wäre, Sie dort zu sehen, denken Sie gar nicht.
Grüßen Sie Ihren Triokomponisten [Herzogenberg] schönstens, und vielleicht sagen Sie gar ein Wort Ihrem usw.

J. Br.

Vom 20. bis 22. November: Stuttgart, Hotel Marquardt.

Nach einer Aufführung von ›Nänie‹ in Wien:

5 Elisabet von Herzogenberg

6 Mit Hans von Bülow, 1889

AN THEODOR BILLROTH

[Hamburg, 15. Januar 1882]

Lieber Freund,

Ich wüßte doch eigentlich gerne, wie es denn der Nänie bei Euch gegangen ist; zu spät kommt wohl die Bitte, Du mögest mir »Hanslick« als Zeugen schicken. Diesem lieben Freunde aber sage das Herzlichste von mir; ich fand selbst nicht Worte, nicht »Zuckerschalen«, die mir ihm gegenüber als Gruß genügten. Abgesehen davon, daß ich immer lieber mit dem nächsten Zug nach Wien führe, habe ich viel Freude und Genuß auf meinen Fahrten. Von Bülow, als Mensch und Musiker, könnte ich nur mit Enthusiasmus erzählen; ich wollte, Du hättest die Berliner Tage mit erlebt!

Aber – heute Mittag haben wir im hiesigen Stadttheater Brahms-Matinee, und morgen früh schon habe ich in Münster Probe. Magst Du ein Wort an mich wenden, so schreibe nach Utrecht, bei Professor Engelmann. Mit dem Februar bin ich zu Haus – leider nur kurze Tage – es ist schändlich.

Mit bestem Gruße an die Deinen und die Unseren von Herzen Dein

J. Brahms

Brahms hat ein weiteres Chor- und Orchesterwerk vollendet, ›Gesang der Parzen‹ (aus Goethes ›Iphigenie auf Tauris‹), und wiederum ist Billroth der erste, den er um seine Meinung bittet; er äußert sich darüber mit enthusiastischem Verständnis.

AN THEODOR BILLROTH

6. August 1882

Lieber Freund!

Du glaubst nicht, wie wichtig und lieb mir Dein zustimmendes Wort ist und wie dankbar ich Dir dafür bin.

Man weiß, was man gewollt und wie ernst man gewollt hat. Eigentlich sollte man auch wissen, was dann nun geworden ist; das läßt man sich aber doch lieber von andern sagen und glaubt dann gerne dem freundlichen Wort.

So geht es mir auch diesmal; erst jetzt freue ich mich des Stücks und sehe es ganz vergnügt an. Daß das Lied aus Iphigenie ist, möchte ich auf dem Titel verschweigen. Ich höre schon Speidel sagen, das sei nicht die Goethesche Iphigenie, und allerdings ist das Parzenlied nicht Iphigenia. Dennoch habe ich das ganze

Stück während meiner Arbeit gelesen und angesehen wie seinerzeit Goethe seinen Junokopf. Das ist nun Goethe nicht in den Sinn gekommen, daß die Nachkommen seine Iphigenie mit derselben Ehrfurcht verehren würden wie er jenen Götterkopf!
Ich denke Dich im September in Bönigen abzuholen, denn an die italienischen Seen möchte ich jedenfalls. Nun aber nochmals recht von Herzen Dank, daß Du mein Lied gelobt – geschenkt hast!

Ganz Dein J. B.

Pläne für eine Italienreise:

AN THEODOR BILLROTH

[Ischl,] 29. August 1882

Ich denke, morgen oder übermorgen nach Wien zu gehen und zur rechten Zeit in Luzern zu sein. Brüll tut öfter sehr ernstlich, als ob er gerne mitginge. Ich habe versäumt, Dich zu fragen, weil ich sein Tun nicht ernstlich nahm. Er tut aber fort, und so habe ich ihm Deine Adresse gegeben, hoffend, daß Dir seine Gesellschaft recht ist – falls er dabei bleibt!
Nun ist mir eingefallen, daß Simrock ein wirklich lustiger Reisegefährte sein könnte! Ich habe schon öfter mit ihm und andern die schönsten, fröhlichsten Partien gemacht! Sein Überschuß an Lustigkeit ist zu dämpfen, schnoddrige Redensarten und schlechte Witze können mit Erfolg verboten werden, und dann bleibt ein angenehmer, lustiger Rheinländer. Ich überlasse es aber ganz Dir und habe ihm noch kein Wort gesagt. Sollte es Dir scheinen, so schreibe ihm; derselbige ist in Deiner Nähe in Pontresina, Hotel Rosegg. Mir ist aber auch sonst jede Gesellschaft recht, die Dir gefällt; ebenso jeder Weg. Villa Carlotta möchte ich sehen; an Marseille und Paris denke ich nicht gern für die kurze Zeit, sonst an alles, was Du willst.
Gelegentlich sagst Du mir wohl das Hotel in Luzern, wo wir uns treffen – ich hoffe recht bald.
Mit besten Grüßen an Dich und die Deinen

J. B.

Die erwähnte Villa Carlotta am Comersee war ein Besitz des Herzogs von Meiningen.
Drei Jahre später nach einer Aufführung von Bachs h-Moll-Messe schreibt Brahms nach Abbazia, Billroths Ferienort:

AN THEODOR BILLROTH

Wien, 1. April 1885

Lieber Freund!
Es ist jammerschade, daß Du gestern abend nicht die Messe gehört hast.
Einen solchen Eindruck von Größe und Erhabenheit hast Du noch nicht gehabt. Man sollte es Menschenwerk auch nicht zutrauen, so erheben und erschüttern zu können.
Nun war die Aufführung in jeder Hinsicht eine hohe Freude.
Ich hatte einige Sorge – aber die Leute gingen eben von Anfang an gar hübsch auf den Leim, das heißt den berühmten Titel »Hohe Messe«. Acht Tage vorher war ausverkauft; alle Welt studierte den Klavierauszug; kurz, der nötige Enthusiasmus war da. Und nun brauste und strömte es los, und die Leute tauchten unter und wurden nicht satt und nicht müde, unterzutauchen. Die Arien waren nur eine Erholung, eine ganz nötige Abkühlung. Der eselhafte R. war der einzige, der's darin übertrieb, der einzige Schmutzfleck. Denn was ich sonst zu sagen hätte, sind Subtilitäten, die ich gern für mich behalte, wenn jemand die Sache nach außen so gut darstellt und so begeistert fertig bringt wie Richter.
Für die unaussprechliche Empfindung nachher würdest Du Dein ganzes Abbazia hingeben – welches aber jetzt zu genießen ich Dich nicht weiter hindern will!
Grüße Hanslick schön; jede kleine Artigkeit, die ich ihm gönnen möchte, mißlingt mir. Für die Nachtreise wollte ich ihm ein hübsches Schnapsfläschchen mitgeben, und da war er frühmorgens abgereist.
Ich schaue italien- und rheinwärts – werde also wohl in der Mitte sitzenbleiben.
In Mürzzuschlag aber habe ich wieder gemietet.
Mit herzlichem Gruß Dein

J. Brahms

Der Zwist mit Joachim hatte nicht die künstlerischen Beziehungen der beiden unterbrochen. Die Musik von Brahms war für Joachim ein Lebensbedürfnis geworden. Er war einer der ersten, die eine neue Symphonie von ihm – die Dritte – zur Aufführung brachten.

AN JOSEPH JOACHIM

[Wien, 30. Oktober 1883]

Lieber Joachim,
Es ist ein besonderer kleiner Anlaß, der mich Dir schreiben läßt. Den Drang dazu hatte ich jedoch längst, und vielleicht wäre es gut – jedenfalls richtig – gewesen, hätte ich ihm früher nachgegeben. [...]
Kurz, wenn Du trotz dieses Vorganges, den ich bedaure, aber für den ich nicht um Verzeihung bitten kann, ein erträgliches Verhältnis unsererseits gestatten kannst – so möchte ich die Hand geboten haben.
So denn zu dem heutigen Anlaß, der mir allerdings so geringfügig erscheint, daß ich die Feder zwingen muß. Ich habe Wüllner im vorigen Jahre meine Mitwirkung versagt, für dies Jahr habe ich mich überreden lassen. (Für den 28. Januar, Berlin.) Wüllner sah den Sommer bei mir eine neue Sinfonie, und ich versprach sie ihm unter der Bedingung, daß die Aufführung nicht als eine erste angekündigt werde. Ich wollte sie nämlich Dir in Koblenz anbieten. Nun möchte ich alles tun, ein Mißverständnis, eine Mißdeutung zu verhüten, und sage Dir deshalb, daß die Sinfonie Dir zu Gebote steht. Am 2. Dezember wird sie hier aufgeführt und kannst Du dann die Stimmen haben: Die Partitur schon früher, und würde ich bitten, Dich erst nach deren Einsicht zu entschließen.
Dieser Brief erwartet keine Antwort, und wegen der Sinfonie genügt eventuell das kürzeste Wort

Deinem J. Brahms

AN FRANZ WÜLLNER

[November 1883]

Lieber Freund,
es ist gekommen, wie ich dachte, und Du weißt es ja, wie ich auch von Herzen wünschte: Joachim führt meine Symphonie auf.
Du weißt und begreifst, daß mir das eine sehr ernste Freude ist – ich brauche Dir nicht von allem möglichen vorzureden.
Aber Dir schicke ich nun ein großes ??? Willst Du Deine Aufführung der S. hinausschieben? (Joachim wird sie wohl bald nach dem 2ten Dezember machen.)
Oder soll unser Engagement nicht gelten?

Oder willst Du die erste Aufführung abwarten, um Dich zu entschließen?
Geniere Dich gewiß nicht, Du bist vor allem Konzertgeber, mir aber sind Konzerte höchst unwichtig!
Sage mir aber doch ein Wort, daß ich weiß, ob Du sehr wetterst oder Dich meiner Freude freuen kannst.

Mit herzlichen Grüßen an Dich und die Deinen
J. Brahms

AN JOSEPH JOACHIM

[Wien, 27. November 1883]

Lieber Joachim,
ich darf wohl bis zum 2ten Dezember Deine Ordre wegen der Sinfonie erwarten? Auch wieviel Stimmen Du nötig hast?
Falls Du sie nicht im Dezember gebrauchen könntest, würde ich sie lieber hier behalten, um die Partitur kopieren zu lassen usw.
Es versteht ich aber wohl, daß ich die Sinfonie nur Dir gebe, nur für ein Konzert unter Deiner Leitung. Wüllner weiß und respektiert doch eben nur meine Rücksicht und meinen Wunsch Dir gegenüber.
Da ich so lange nichts hörte, so stellte ich mir englische Reisen und allerlei sonstige Hindernisse vor – es wäre mir leid, wenn ich nur den guten Willen zeigen könnte. Bis zum 2ten Dezember trifft mich eine Nachricht; am 3ten denke ich für einige Tage nach Pest zu fahren.

Eiligst Dein J. Brahms

AN FRANZ WÜLLNER

[Wien, November 1883]

Lieber Freund,
ich gehe keinesfalls im Dezember und zu Joachims Konzert nach Berlin.
Du darfst indes in diesem Fall J. nicht anklagen, der die Symphonie nur aufführen will, wenn ich Dir gegenüber nicht verpflichtet und geniert bin. Daß sie ihm zu Gebote steht, habe ich ihm gesagt, aber gewünscht, er möge sie erst ansehen, was nicht vor dem hiesigen Konzert am 2ten Dezember sein kann.
Du kennst unser eignes, schwieriges Verhältnis, von dem

ich sehr wünschen muß, daß es nicht gar zu unerquicklich werde.
Überlege Dir die Sache und erkläre sie Dir als Freund – handle dann als Konzertgeber!
Das erstere ist wirklich einfach, beim zweiten mag der heilige Wolff [Konzertdirektion] helfen!

Herzlich und eilig
Dein J. Br.

AN FRANZ WÜLLNER

[Wien, 3. Dezember 1883]

L. Fr.
Erst heute höre ich von Joachim das Dir Bekannte.
Seine Einladung, am 4. Januar die Symphonie und mein Violinkonzert zu dirigieren, nehme ich nicht an – aber ich schicke ihm die Symphonie!
Ich bitte nochmals, alles, was Dir an der Sache unangenehm ist, mir auf die Rechnung zu schreiben – aber auch nicht zu unterlassen, Dir zu sagen oder Dir klarzumachen, daß ich nicht anders handeln kann. Dazu brauchst Du keine weitere Erklärung von mir, denn Du weißt alles, was sich sagen läßt, und wirst auch meine Empfindungen und Wünsche durchaus verstehen und würdigen.
Eine hübsche Lösung könnte es allerdings sein, wenn Joachim jetzt das Violinkonzert bei Dir spielte?!
Ich erinnere nochmals, daß Du mir gegenüber frei bist, daß ich eigentlich eine Absage von Wolff erwarte!
Verzeih nur die kargen Briefe, aber wohin käme ich, wenn ich der verwickelten Geschichte brieflich nachgehen wollte. Auch wie es mir leid tut, daß Dich die Sache empfindlich trifft, brauche ich ja nicht ausführlicher zu sagen.
Das Wiener Publikum war gestern sehr freundlich.

Mit herzl. Grüßen
Dein J. Br.

AN JOSEPH JOACHIM

[Wien, 3. Dezember 1883]

Lieber Joachim,
ich bringe Wüllner das Opfer, Deine Einladung *nicht* anzunehmen, werde aber die Sinfonie rechtzeitig schicken. Allerdings habe ich den Vorteil, daß Du mein Stück vortrefflich

einstudierst – aber Du hast den kleinen Saal und ich den großen. Ich hasse den einen sosehr, wie ich für den andern ein *faible* habe.
Wenn Euer Publikum so freundlich ist wie gestern das Wiener, dann braucht sich W. nicht zu genieren der Wiederholung wegen!
Mir ist das übrigens einerlei; ich habe die größte, ernsteste Freude, daß Du mein Stück machst, und wünsche ich mir nebenbei die kleinere, daß es Dir auch gefallen möge!
Bis zum 20ten soll alles in Deinen Händen sein.

Mit bestem Gruß
Dein J. B.

Ein paar Worte von Joachim, aus einem Brief vom 27. Januar 1884, seien beigefügt: »Sagen soll ein Wort Dir doch, wie unendlich leid es mir tut, Deine Sinfonie morgen nicht unter Deiner Leitung zu hören; denn wenn ich auch kein Anrecht an Deine Person mehr habe, die Liebe zu dem Schönen, das Du schaffest, bleibt mir.«
Ein Sohn von Friedrich Chrysander, dem Herausgeber der Händel-Gesamtausgabe, ist gestorben, wie Elisabet von Herzogenberg mitgeteilt hat.

AN ELISABET VON HERZOGENBERG

[Wien, 24. April 1884]

Verehrte Freundin,
haben Sie noch Dank für Ihren Brief, der freilich eine arge Enttäuschung war. Ich legte ihn so herzlich, behaglich froh bei Seite, mich seiner ungestört zu freuen, wenn die anderen Postsachen durchgesehen wären. Und nun! Es ist wirklich traurig! Sie dürfen sich wohl merken, daß es dem lieben Gott eine Kleinigkeit ist, Schlimmeres als keine Kinder zu schicken. Und dieser brave Mann, der weiter kein Glück hat als die Arbeit und das Haus!
Aber ich schreibe einer besonderen Sache wegen und bitte zum voraus um Entschuldigung, wenn es unzart oder was ist, davon zu reden – und ohne Präambulum!
Ich denke bisweilen, ob Sie etwa die Absicht haben könnten, der Gesundheit wegen Leipzig zu verlassen und z. B. an Graz dächten.
In diesem Falle möchte ich Wiesbaden genannt haben und dazu sagen, daß der dortige Gesangverein ohne Direktor ist und

diese Stelle wirklich für Heinrich sehr zu empfehlen sein möchte!
Wiesbaden ist allerdings ein Badeort, aber es leben einige vortreffliche nette Leute dort, die ich Ihnen dann nennen und sehr empfehlen könnte.
Mit dem Gesangverein ist gewiß sehr viel anzufangen (jedenfalls mehr als mit einem in Leipzig). Der letzte Direktor hat seine Sache, soviel ich gesehen habe, nicht sonderlich gut gemacht. Zwei gute Orchester sind in Wiesbaden, Kur- und Theaterkapelle. Dazu bedenken Sie die günstige Lage, die Nähe von Frankfurt usw. Ich frage doch für alle Fälle einmal in Wiesbaden an, ob noch niemand festsitzt. Da will ich also hier aufhören – aber, aber, da fällt mir ein, daß wir uns letzthin bei Door sehr erfreut haben am Klavier- und Streichtrio von Heinz.
Hoffentlich schreibt Epstein behaglichere Briefe als ich [...]

Ihr herzlich ergebener

J. Br.

Bei mir liegen übrigens zwei Kantaten von Beethoven, die kein Mensch außer mir kennt (1790 auf den Tod Josephs II. und Thronbesteigung Leopolds geschrieben). Wir haben in Wien doch immer so eigene Näschereien.

AN HEINRICH UND ELISABET VON HERZOGENBERG

[Wien, 6. Mai 1885]

Liebe Freunde,
ich lasse mich verführen, einige Lieder [Op. 97] zu schicken. *Für den Fall,* daß es überhaupt in Frage käme, bitte ich, keinesfalls die »Nachtigall« und den »Wanderer« zu kopieren. Dagegen wäre es mir sehr lieb, wenn es irgend lockte und lohnte, über die beiden Dingerchen einige Betrachtungen anzustellen!
Ich brauche nicht zu sagen, daß sie so quasi als Zwillinge auf die Welt kamen, und ich nachträglich – allerlei daran versuche. Auch die Nachtigall habe ich anders pfeifen lassen – aber es war nischt und ist nischt!
Sehr hübsch wäre es, wenn Sie für jedes Liedchen ein Wörtchen hätten. Sie brauchen nicht wie Wippchen um Verzeihung zu bitten, wenn es ein »hartes Wort«, ein kurzes »Hinaus« ist!
Nun muß ich Ihnen sagen, daß ich natürlich mehr Scarlatti

schicken würde, wenn ich mehr so schöne hätte wie das mitgeteilte. Ich habe 172 ungedruckte Sonaten unter mehr als 300, die ich in schönen alten Abschriften besitze. Czerny hat diese benützt und so vortrefflich gewählt wie redigiert. Seine Ausgabe (200 Stück) ist auch wohl nur zufällig abgeschlossen, sonst hätte er z. B. jenes Stück gewiß nicht übersehen. Sie sollen aber sehen (einem guten Antiquar Auftrag geben) diese Ausgabe von Czerny zu bekommen (Wien, Haslinger). Sie ist selten geworden, ich habe lange warten müssen, bis ich endlich ein komplettes Exemplar kaufen konnte.
Lassen Sie doch recht bald von sich hören

Ihren J. Br.

AN THEODOR BILLROTH

[Wien, 8. Mai 1885]

Lieber Freund!
Ich denke so oft daran und vergesse immer, wenn ich Dich sehe, zu fragen, ob Du nicht über den Sommer einen Band Scarlatti zu Dir nehmen willst? Das wären 100 Kapricen, die Dir unbekannt sind und von denen Du gewiß Vergnügen hättest – wenn Du sie nicht gleich zu massenhaft vornimmst, sondern in mäßigen Portionen.
Noch vielen Dank für den gestrigen behaglichen Abend und alles andere!

Herzlich Dein J. Brahms

Frau von Herzogenberg hat sich mit Entzücken über die neuen Lieder von Brahms geäußert. Nun schreibt er:

AN ELISABET VON HERZOGENBERG

[Mürzzuschlag, 28. Mai 1885]

Haben Sie herzlichen Dank für Ihren Brief, der nicht schöner und besser sein könnte. Zudem scheint er mir sehr mit dem zu stimmen, was ich so beiläufig dachte und wünschte. Nur wird's öfters himmelblau, wo es mir noch grau erschien. Übrigens, wahre warme Teilnahme vorausgesetzt, braucht man sich bei mir wohl nicht zu genieren. Fürs Erste bin ich nicht der Meinung, viel Gescheut's schreiben zu können, dann aber überschätze ich auch ein vorläufiges Urteil nicht, und schließlich sind die Geschmäcker doch einmal verschieden.
Sie glauben aber nicht, was man für ein Vergnügen an so

Liedern haben kann, wenn man Ihre Beschreibung dazu liest.
Aber die Hauptsache: Sie haben Eins vergessen! Ich bitte durchaus und recht sehr um ein Sprüchelchen über das rheinische Volkslied »Dort in den Weiden« [Op. 97, Nr. 4], wenn Ihnen das Liedchen nicht verflogen oder gar entgangen ist; es stand auf der Rückseite der Lady Judith [›Entführung‹, Op. 97 Nr. 3]. Jetzt guckt es mich an, und ich weiß nicht, wie ich es angucken soll!
Lassen Sie mich ja wissen, wann Sie nach Wiesbaden gehen (Adresse nötig?).

Allerherzlichsten Dank und Gruß Ihnen beiden
von Ihrem J. Br.

Ein Jahr nach der Dritten war die Vierte Symphonie von Brahms aufführungsfertig. Diesmal wuchsen seine hypochondrischen Skrupel dem neuen Werk gegenüber zu einer merkwürdigen Krise.
Als erste erfuhren die Herzogenbergs von der neuen Symphonie.

AN ELISABET VON HERZOGENBERG

[Mürzzuschlag, 29. August 1885]

Liebe verehrte Freundin,
ich versäume also, wie es scheint, eine Besuchszeit nach der andern. Es mag die träge Angst schuld sein vor den vielen Unbekannten in der Eisenbahn und den gar vielen Bekannten in Ihrer Gegend – die auch auf meinen Besuch warten. Bleiben Sie denn noch da, und haben jetzt wieder Ruhe? Dürfte ich Ihnen etwa das Stück eines Stückes von mir schicken, und hätten Sie Zeit, es anzusehen und ein Wort zu sagen? Im allgemeinen sind ja leider die Stücke von mir angenehmer als ich, und findet man weniger daran zu korrigieren?! Aber in hiesiger Gegend werden die Kirschen nicht süß und eßbar – wenn Ihnen das Ding also nicht schmeckt, so genieren Sie sich nicht. Ich bin gar nicht begierig, eine schlechte Nr. 4 zu schreiben.
Übrigens wann kriegt man Nr. 1?!!? Muß man, wie die Konzertdirigenten, auf die Saison warten?
Ist Astor noch nicht fertig? Ich freue mich schon lange und sehr darauf, diese Nr. 1 ein wenig genauer ansehen zu können.

Mit recht herzlichen Grüßen Ihr
J. Brahms

Mit »Nr. 1« meint Brahms die erste Symphonie in c-Moll von Heinrich von Herzogenberg.
Von seiner eigenen Vierten schickt er bald den ersten Satz und den Beginn des zweiten.

AN ELISABET VON HERZOGENBERG

[Mürzzuschlag, 4. September 1885]

Falls Ihnen das Stück einigermaßen »scheinen« sollte, so hätte ich gern schön gebeten, es doch Frau Schumann mitzuteilen, das heißt vorzuspielen! Ich hoffe recht bald zu hören, und vor Ihrer Abreise schicken Sie ja jedenfalls das Ding zurück?

Einstweilen eiligst Ihr J. Br.

Die Antwort ließ auf sich warten, Brahms schreibt noch einmal.

AN HEINRICH VON HERZOGENBERG

[Mürzzuschlag, 30. September 1885]

Vor meiner Abreise entschließe ich mich, Ihnen die Schubertschen Symphonien zu schicken, ohne eigentlich zu wissen, ob Sie sie auch wünschen?! Meine neuliche Attacke ist ja gründlich mißlungen (und eine Symphonie dazu). Nun bitte ich aber Ihre liebe Frau, ihr hübsches Talent zum Hübsche-Briefe-Schreiben nicht zu mißbrauchen – mir nachträglich etwas vorzuflunkern.
Herzliche Grüße und beste Wünsche für den neuen Wirkungskreis.

Ganz Ihr J. Brahms

Elisabet sucht ihn durch einen ausführlichen Brief zu beruhigen. Er antwortet bereits aus Wien:

AN ELISABET VON HERZOGENBERG

[3. Oktober 1885]

Von Herzen Dank. Und meine Karte angehend, bedenken Sie freundlich, daß Sie die Ersten und Einzigen sind, die das Stück gesehen haben; daß ich aber weitaus nicht eitel genug bin, ein Lob zu erwarten. Könnte ich, schriebe ich mehr, und könnte ich, – schickte ich gar gern mehr. Es wird aber eifrig geschrieben, und ich will nächstens in aller Ruhe und in Meiningen die Geschichte probieren.

Herzlichst dankbar Ihr J. Br.

AN FRANZ WÜLLNER

[Postkarte] Wien, 4. Oktober 1885

L. Fr. Wenn ich ein Chorwerk hätte, würde ich jedenfalls vor allem an Dich denken. Eine Art Nr. 4 aber, auf die gar kein Text paßt, will ich nächstens in Meiningen probieren, wo das sehr gründlich geschehen kann, ohne daß ein Konzert die Konsequenz ist! Ich zweifle, daß die obgedachte Nr. 4 dafür geeignet ist! Nun, wir werden sehen, und vielleicht, da ich einmal auf Reisen bin, sehe und höre ich [Dich] auch in Köln!

Herzliche Grüße Deines eiligen
J. Brahms

Brahms hat indessen nicht nur die Partitur vollendet, sondern auch eine Bearbeitung für zwei Klaviere, und bittet eine kleine Anzahl Freunde in Wien in den Klaviersalon Ehrbar, um ihnen zusammen mit Ignaz Brüll das neue Werk vorzuspielen.

AN THEODOR BILLROTH

Wien, am 8. Oktober 1885

Lieber verehrter Freund!
Möchtest Du mir nicht ein Wort sagen, ob Du denn eigentlich schon hier bist? Und ob Du Zeit und Lust hättest, ein kleines »Ehrbares« Konzert mitzumachen – auch vielleicht vorher eine »Probe« sehen möchtest.
Ich muß bald verreisen, daher die Überrumpelung.

Herzlichen Gruß Deines
J. Brahms

Die Aufnahme des neuen Werks war äußerst kühl und verlegen. Brahms sendet den Herzogenbergs die Bearbeitung für zwei Klaviere.

AN ELISABET VON HERZOGENBERG

[Wien, 10. Oktober 1885]

Liebe verehrte Freundin,
Sie sollen doch sagen können, daß Dankbarkeit auf Erden nicht ausgestorben sei. Ich kann sie den Augenblick wenigstens nicht besser zeigen, als daß ich Ihnen dieses Arrangement schicke. Jetzt können Sie die Landschaft ganz behaglich – durch ein etwas blindes Glas besehen. Ihr Urteil freilich können Sie bei der Gelegenheit bedenklich rektifizieren!

Im Scherzo machen natürlich drei Pauken, Triangel, Piccolo einigen Spektakel.
Können Sie das Finale überhaupt bis zum Schluß aushalten? Ich lege allerdings eine zweite Stimme bei. Viel angenehmer aber ist mir, zu denken, wie Sie beide zusammen behaglich an *einem* Klavier sitzen!
Ich fahre morgen nach Meiningen (wo es möglich ist, daß am 25. Brodsky mein Konzert *dazu* spielt).
Lassen Sie mich dort doch recht bald etwas hören! Bitte gar schön!
Ob ich das Stück weiter den Leuten zumute, ist sehr fraglich. Bülow wird allerdings am liebsten gleich den 3. November in Frankfurt damit anfangen! Und hier zeigen sie sie, auf eigene Gefahr hin, an.
Nun aber haben Sie noch schönsten Dank für Ihren sehr lieben Brief – der mir sehr nötig war! Ich bin nämlich viel schüchterner, meinen Sachen gegenüber, als Sie denken.
Gern schriebe ich noch – auch über Andres – aber ich habe keine Zeit und plaudre nun einmal auch lieber und gemütlicher ohne Papier. Den Winter muß ich Sie doch auch einmal in Berlin sehen.

Seien Sie beide herzlich gegrüßt von Ihrem
J. Br.

AN CLARA SCHUMANN

[Meiningen, Ende Oktober 1885] (im kleinen Palais)

Liebe Clara,
ich bin seit einigen Tagen hier und probiere die neue Symphonie. Am Sonntag wird sie im Konzert gemacht, den 1. wahrscheinlich noch einmal und – am 3. in Frankfurt!
Daran habe ich lange und stark laboriert, an Dich denkend, und daß Dir das vielleicht ein sehr zweifelhaftes Vergnügen ist!?
Die Sache ist nämlich: ich habe hier die große Annehmlichkeit, ganz nach Herzenslust probieren und üben zu können, *ohne* daß ein Konzert die Folge zu sein braucht! Nun aber, da das Stück den Musikern gefällt (und mir nicht gerade mißfällt), so kann ich doch Bülow nicht gut weigern, die Symphonie ein wenig mit auf Reisen zu nehmen.
Die Frankfurter Direktion kann mir's nicht übelnehmen, und zudem lächelnd an ihr großes Streichquartett denken.

Du aber, gehst Du in das Konzert? Darf ich bei Dir absteigen? Ich möchte in dem Fall (wenn es Dich auch richtig und wirklich nicht geniert) einige Tage früher kommen. Drei Sitze in erster Reihe etc. Alles einfach – aber ich bitte Dich, sage mir ganz kurz und einfach, ob Dir nicht die ganze Geschichte zu wenig sympathisch ist?!?!??
?!??!?
Ich wollte noch einiges schreiben, aber ich muß in die Probe. Es wäre mir gar lieb, wenn Du Zeit fändest, mir gleich nur ein paar Worte zu sagen.

Herzlichste Grüße Dein Johannes

AN FRANZ WÜLLNER

[Meiningen, Oktober 1885]

Lieber Freund,
Du magst gern in allem recht haben, was Du schreibst. Aber Du erwiderst doch wohl auf mehr und anderes, als ich gesagt habe. Bei meiner Unlust zum Schreiben müßte ich mich sehr hüten, von etwas Besonderem anzufangen, mir fehlt die Geduld auszureden!
So lies also nicht zu viel heraus – zu verzeihen ist nichts darin als die Eile und Flüchtigkeit.
Es mag gern sein, daß ich, bei meiner geringen Sympathie dafür, alles, was das Konzertwesen angeht, zu scharf und unfreundlich ansehe. Meinen Sachen gegenüber bin ich ängstlich und mißtrauisch und ich bin es vielleicht ungerechter Weise z. B. Dir und Joachim gegenüber, wenn ich fürchte, daß Ihr einstweilen eben an die Novität denkt!
Daß es meine größte künstlerische Freude ist, wenn Ihr meine Sachen liebt und lobt und sie fortgesetzt aufführt – ja, das brauche ich doch nicht erst zu sagen!?
Meine Empfindungen aber zu Dir und zu allen gemeinsamen Freunden haben sich nie geändert – um so weniger, als sie auch nicht durch neue verdrängt werden.
Alles wieder eilig und flüchtig! So auch die Notiz, daß ich an den Proben hier rechte Freude habe und hoffentlich hast Du hernach einige an der Symphonie.
Sie wird hier den 25ten und den 1ten November gemacht; am 3ten in Frankfurt. Ein wenig bummle ich dann wohl noch mit den Meiningern, ob ich es bis Köln aushalte, weiß ich nicht. Aber eine dortige Aufführung läßt Du Dich also nicht krän-

ken! Ob sie Dich geniert, hängt von dem wohl nicht gerade liebenswürdigen Stück ab.

Herzliche Grüße Dir und den Deinigen
Dein J. Br.

AN FRANZ WÜLLNER

[April oder Anfang Mai 1886]

Lieber Freund,
wenn von der Symphonie die Rede ist, denke ich immer zunächst an Dich und Euer [Niederrheinisches Musik-]Fest. Ich hoffe auch, Dir alles bequem und gut zu machen, trotzdem Partitur und Bläser-Stimmen immer noch nur einfach vorhanden sind.
Für das Fest in Sondershausen habe ich die Symphonie abgeschlagen, von Richter aber (für London) mich herumkriegen lassen. Am 10ten Mai macht er sie, und da ich nicht gern für andere Verantwortung übernehme, so habe ich mir einliegende Karte von ihm geben lassen. Ich aber schicke Dir heute oder morgen das Arrangement für 2 Klaviere und damit hoffe ich eben Dir zu genügen! Du kannst in aller Bequemlichkeit schon jetzt die S. auswendig lernen!
Schließlich: willst Du nicht, wenn Partitur und Stimmen kommen, letztere allsogleich genauer ansehen! Die Geigen sind gedruckt, alles aber gar viel verbraucht und auf alle Weise verschmiert! Neue Quartettstimmen kann Simrock Dir einfach abziehen lassen, er wird aber auch leicht die Bläser zum Fest stechen lassen können. Das überlege, wenn Du sie siehst, und setze Dich dann mit Simrock in Verbindung. Nach dem Fest aber bitte ich, alles an ihn zu schicken (das Arrangement vielleicht, wenn Du es nicht mehr gebrauchst – den 12ten Mai).
Ob ich Euer Fest mitfeiern werde? Ich habe noch keine Idee, wo ich zu der Zeit bin, und so stark wie die h-Moll-Messe zieht nicht leicht was; da hätte ich gern zugehört!
Nun aber seid einstweilen schön gegrüßt – Sänger und Sängerinnen dazu – die ganze Familie!

Von Herzen Dein J. Brahms

Joachim hat durch die Herzogenbergs die neue Symphonie am Klavier kennengelernt und wünscht dringend die Partitur für eine Aufführung.

AN JOSEPH JOACHIM

Frankfurt a. M., 4. November 1885

Verehrter lieber Freund,

ich danke Dir von Herzen, daß Du meiner Absicht zuvorkommst, Dir die Sinfonie anzubieten. Sie steht Dir natürlich zu Diensten, und freute es mich einstweilen, daß sie Dich schon im Arrangement interessieren konnte.

Zum 1ten Februar kann ich sie gewiß versprechen. Ich habe nur eine Partitur und die wenigen Stimmen, welche die Meininger bis etwa den 24ten gebrauchen. Möglicherweise kann ich die Stimmen früher anbieten – worüber Du von Wien, wohin ich in etwa vierzehn Tagen gehen werde, hören würdest.

Nochmals Dank für Deinen Brief und herzliche Grüße an Herzogenbergs, denen ich die ernstliche Freude ja zunächst verdanke,

Dein J. Brahms

AN JOSEPH JOACHIM

[Thun, 2. August 1886]

Verehrtester Joachim,

die Sinfonie ist jedenfalls zum Oktober längst erschienen, und ich werde keine Gelegenheit haben, Dir zu zeigen, wie gern ich in dem Fall ein Besonderes täte – dagegen aber empfinde ich Deine Wiederholung höchst angenehm als ein Solches!

Über Rügen wirst Du Dich sehr freuen, es ist ganz herrlich schön und ich habe einen Sommer dort sehr lange – ausgehalten!

Leider mußte ich mir nämlich sagen, daß ich trotz aller Schönheit nicht wieder kommen würde. Es ist gar so viel Unbehagliches und Ungemütliches mitzunehmen, an das ich, im Süden heimisch geworden, nicht mehr gewöhnt bin.

Diesen Sommer wohne ich überaus angenehm in Thun – vor dem ich auch nicht wenig Scheu hatte, das mich aber zum Glück auf das Beste enttäuscht.

Herzlich wünsche ich, daß Dir Deine kurzen Ferien recht genußvoll werden.

In aller Verehrung
Dein J. Brahms

Einer der Anziehungspunkte von Thun war für Brahms die Nachbarschaft eines lieben Freundes, des Schweizer Schriftstellers Joseph Viktor Widmann, der in Bern, nahe bei Thun, lebte und den er gern und häufig besuchte.

AN JOSEPH VIKTOR WIDMANN

[Thun, 4. Oktober 1886]

Werter Freund,
ich entschließe mich kurz, bereits morgen abzufahren. Nicht aber kann ich mich entschließen, bei Ihnen bescheiden durchzureisen. Die vielen schönen Intermezzi, die ich Ihrer aller unübertrefflichen Freundlichkeit danke, wollen ruhig ausklingen, und so bitte ich, wie gewöhnlich, nachmittags kommen zu dürfen. Sollten Professor Vetters Zeit und Lust haben, so könnte ja den Abend auch noch ein kleines Klavierkonzert stattfinden.

Eilig Ihr herzlich dankbarer
J. Br.

– Mit Grüßen, ich kann nicht helfen, verschiedenster Art, zärtlichen, hochachtungsvollen, verehrungsvollen, dankbaren usw.

Eine Enkelin Claras, die einzige Tochter von Elise, starb an Diphtherie.

AN CLARA SCHUMANN

Thun, Mai 1887

Liebe Clara,
es ist wirklich grausam, was Dir vom Schicksal zugemutet wird. So innig teilnahmvoll ich Deiner denke: das einzelne mag ich mir selbst nicht klar und deutlich vor die Augen führen, ich kann auch Dir nicht weiter davon sprechen. Neben dem so hart treffenden und erschreckenden Schlag geht ja anderes, ebenso Trauriges wohl seinen traurigen Weg weiter. Deine schöne Natur läßt Dich nicht unempfindlich werden gegen irgendeinen Sonnenblick, den Dir das Leben oder die Kunst gönnt, das ist mir die einzige tröstliche Empfindung.
Sommerhoffs aber sage doch ein Wort von meiner ernstlichen Teilnahme.
In dem herrlichen Italien habe ich auch diesmal an niemand so viel und mit so viel Sehnsucht denken müssen, als an Dich. Wie wünschte ich, Du mögest für diesen höchsten Genuß noch so

viel Kraft haben, wie Du sie für Deine Kunst hast. Ich kenne niemand, der so selig alles dort genießen, vollauf genießen würde, wie Du – wenn der Körper nicht widerspräche.

Überaus begünstigt war ich wieder durch das herrlichste, sanfteste Frühlingswetter; unsere Tour wäre für Dich zu viel gewesen, aber hättest Du die schönen Wochen etwa in Florenz zugebracht – keine schönere Freude kann dem Menschen werden!

Unsere Fahrt ging über Verona, Vicenza, Venedig, Bologna, Florenz, Pisa, Mailand und durch den Gotthard hierher. Nicht ein Tag, der mir nicht erfüllt war vom Schönsten. Meine Gefährten waren Simrock und Kirchner. Von S. war es eine freundliche Idee, Kirchner noch Italien sehn zu lassen. 20 Jahre früher hätte sie auch vielleicht fruchtbaren Boden gefunden. Gefährten sind mir in I. angenehm und fast nötig – wenn sie auch nicht immer grade den Genuß erhöhen oder nur ungestört lassen.

Jetzt freue ich mich hier des 2. jungen Frühlings und fühle mich recht behaglich. Ungern denke ich, daß ich Ende Mai zum Musikfest nach Köln soll, aber ich muß wohl Wüllnern Wort halten. Und die schöne Rheinreise könnte mir gar ein lieber Gedanke werden, wenn Dir ein kurzer Besuch – es auch einigermaßen sein könnte?!

Simrock hat einen Katalog meiner Sachen herausgegeben. Wenn ich Dir ihn zugehen lasse, so brauche ich wohl kaum zu sagen, daß ich ihn nicht veranlaßt habe; so lange wie möglich habe ich widersprochen, verbieten aber konnte ich nicht.

Bald hätte ich aber vergessen: es ist viel wichtiger, daß meine Briefe zurückgehen, als die Deinen! Diese kannst Du immer haben – und auch deine Kinder – an welchen Fall ich nicht glaube. Meine Briefe aber haben keine Rückadresse, wenn ich davon gehe! Deshalb bitte ich also herzlich, sende sie mir, und wenn ich bitte, sende sie bald, so ist das nicht, weil ich Eile habe, sie zum Buchbinder zu bringen!

Von Frank und Herzogenberg kommen ja trübe Nachrichten. Von ersterem scheinen sie sehr ernsthaft, bei H. darf man wohl das Beste hoffen – ich habe leider gerade hier einen ganz ähnlichen Fall, bei dem allmählich alles Hoffen aufhört!

Nun aber mit herzlichen Grüßen
Dein Johannes

Nachdem die Verbindung zu Joachim jahrelang auf gelegentliche rein sachliche Korrespondenz beschränkt gewesen war, fand Brahms einen ihm gemäßen Weg, den Freund zu versöhnen und wieder persönliche Beziehungen anzuknüpfen.

AN JOSEPH JOACHIM

[Postkarte, Thun, 19. Juli 1887]

Verehrter! Ich hätte Dir gern eine Mitteilung künstlerischer Art gemacht, für die ich mir herzlich Dein Interesse, mehr oder weniger, wünsche. Nun bin ich nicht sicher, ob umstehende Adresse zu dieser sommerlichen Zeit gilt.
Darf ich einstweilen deshalb um ein kurzes Wort bitten – und dann weiteres sagen?

In alter Verehrung
J. Brahms

AN JOSEPH JOACHIM

[Thun, 24. Juli 1887]

Verehrter Joachim,
Dein freundlicher Gruß läßt mich mein Geständnis viel vergnügter machen als ich gehofft hatte!
Aber mache Dich auf einen kleinen Schreck gefaßt! Ich konnte derzeit den Einfällen zu einem Konzert für *Violine und Violoncello* nicht widerstehen, so sehr ich es mir auch immer wieder auszureden versuchte.
Nun ist mir alles Mögliche an der Sache gleichgültig, bis auf die Frage, wie Du Dich dazu verhalten möchtest.
Vor allem aber bitte ich in aller Herzlichkeit und Freundlichkeit, daß Du Dich nicht im geringsten genierst. Wenn Du mir eine Karte schickst, auf der einfach steht: »ich verzichte«, so weiß ich mir selbst alles Weitere und genug zu sagen.
Sonst fangen meine Fragen an: willst Du eine Probe davon sehen? Ich schreibe jetzt gleich die Solostimmen zusammen: magst Du Dir mit Hausmann die Mühe geben, sie auf ihre Spielbarkeit anzusehen? Könntest Du daran denken, das Stück gelegentlich irgendwo mit Hausmann und mir am Klavier zu versuchen und schließlich etwa in irgendeiner beliebigen Stadt mit Orchester und uns?
Ich bitte um ein Wort und wiederhole, daß ich -- Nun, obgenannte Karte schreibst Du vielleicht auch, wenn Du die Probe gesehen hast!

Ich sage nicht laut und ausführlich, was ich leise hoffe und wünsche.
Hausmann aber grüße bestens, und ich bin in alter Verehrung

Dein J. B.

AN JOSEPH JOACHIM

[Thun, 26. Juli 1887]

Verehrter,
Deine freundlichen Worte wirken weiter, ich habe rasch so viel wie möglich zusammengeschrieben und es geht heute an Dich ab. Ich bedachte zudem, daß Du für den Anfang der Ferien doch zunächst Ruhe wünschen magst, daß Hausmann auch vielleicht noch dort ist, und Du doch möglicherweise noch ruhige Abendstunden hast.
Darf ich zunächst recht sehr bitten, jedenfalls (nur durch Karte) mit einem Wort zu sagen, daß meine Schreiberei angekommen ist. Daß ich dann weiter bitten möchte und sehr begierig auf weiteres bin, versteht sich. Das wollen wir denn abwarten; einstweilen konnte ich mich noch nicht entschließen, das Ding in ordentliche Partitur zu schreiben. Hoffentlich sieht man aus den Stimmen so beiläufig das Gesicht!?
Herzlichen Gruß an Hausmann, der meinen guten Willen anerkennen mag!

In aller und alter Verehrung Dein
J. B.

AN FRANZ WÜLLNER

[Thun, Anfang August 1887]

Lieber Freund,
»Gef. nachzusenden«
werde ich auf das Kuvert schreiben. Es ist aber doch grausam, Dir in die kurzen Ferien Geschäftsbriefe nachsenden zu lassen! Und eine Art Geschäftsbrief wird dies!
Ich wollte Dir nämlich mitteilen, daß ich den kuriosen Einfall hatte, ein Konzert für Geige und Cello zu schreiben!
Joachim und Hausmann möchten es probieren, und Joachim nennt als erste Stadt, die ihm geeignet scheint, Köln. Dir steht doch das Orchester auch für eine überflüssige Probe immer zur Verfügung?
Ich möchte nun nicht gern den beiden Herren zuviel Um-

stände und Kosten verursachen und so dachte ich, ob es nicht vielleicht ginge, J. und H. oder doch einen von beiden für das erste Gürzenich-Konzert zu engagieren; wir probierten dann mein Stück, gefällt es uns einigermaßen, so kommt es ins Programm – andernfalls spielen die Herren eben was andres. Ich merke noch an, daß das Konzert aus a-Moll geht.
Für eine ganz kurze Karte wäre ich Dir recht dankbar, damit ich doch weiß, daß dies angekommen ist.
Dann aber gib Dich den wohlverdienten Ferien hin und laufe spazieren.
Dein Lob und Preis singe ich den Sommer unausgesetzt. Ich hatte nicht für jene Junitage solches Fest erwartet!

Herzlichen Gruß Dir und den Deinen
von J. Brahms

AN CLARA SCHUMANN

[Postkarte] September 1887

L. Cl. Am 18. September also möchten wir bei Dir eine Klavierprobe abhalten dürfen! Sei so gut, mir Deine nähere Adresse dort zu melden, damit mein Kopist in Wien die Noten dorthin schicken kann. Auch die Variationen von R[obert] S[chumann] sollen dann mitkommen. Daß ich mich riesig freue auf den Morgen bei Dir, versteht sich. Aber versprich Du Dir nur nicht zu viel! Es ist ein sehr bescheidenes Stück – in jeder Beziehung. Recht praktisch ist es, daß wir Dir Zeit lassen, alle Freundlichkeiten des 13. zu lesen und zu genießen; denn hoffentlich bedeuten wir eine kleine Nachfeier! Herzlichst

Dein
J. B.

Clara Schumann hielt sich zu der Zeit in Baden-Baden auf. Der 13. September war ihr Geburtstag.

AN FRANZ WÜLLNER

[Wien, Ende September 1887]

Lieber Freund,
Eine recht hübsche und animierte Orchesterprobe haben wir noch in Baden abgehalten; mir war das lieb, wie ich Dir wohl schrieb, weil ich den Herrn Virtuosen nicht gern weitere Umstände etc. machte. Von Baden aus sind die Stimmen an Dich abgegangen, jetzt schicke [ich] mit diesem die Partitur

und bitte, mit einem Wort zu melden, daß sie angekommen. Dann aber hoffe ich, Du hast einen guten Kopisten, der zunächst die gedruckten und geschriebenen Stimmen nach der Partitur revidiert und außerdem die mit rotem Kreuz bezeichneten Änderungen in die Stimmen einträgt.
Im ersten Satz muß bei den 2. Geigen namentlich wohl bisweilen durch Überkleben geholfen werden!
Sei doch so gut, diese Korrekturen gleich bei allen Stimmen machen zu lassen, wenn Du sie auch nicht alle gebrauchst.
Verzeih' die Bemühung – aber ich hätte sonst die Stimmen erst mit nach Wien nehmen müssen!

Herzlichen Gruß
Deines J. Br.

AN JOSEPH JOACHIM

[Wien, Anfang Oktober 1887]

Verehrtester,
wie sehr wert und lieb mir unser Zusammensein in Baden war und wie sehr dankbar ich Dir für alles mögliche bin, das glaubst und denkst Du hoffentlich, ohne daß ich's mit vielen Worten sage. Ich will's auch nicht mit diesen versichern, sondern denke lieber höchst vergnügt an die bevorstehenden Tage in Köln.
Könnte ich nur wenigstens dies recht schön beweisen durch schönste, brillanteste Zusätze und Änderungen in dem Konzert – das ich immer noch recht bedenklich anschaue. Aber es sind nur einige Kleinigkeiten, die ich auf einen Zettel schreiben will und zu geneigter Überlegung empfehle.
1. die kleine Kadenz im Andante.
2. den Schluß des Rondo (wo ich gern das Violoncell stehen ließe und die Violine ad lib.)
3. im Rondo die F- und D-Dur-Stellen, wo ich meine, daß mindestens die Geige ein wenig anders und amüsanter sein müßte??
Ach, wie viel angenehmer und gescheiter ist es, für ein Instrument schreiben, das man durch und durch kennt – wie ich meine, das Klavier zu kennen!
Verzeih, daß Dich das Stück nicht zur Ruhe kommen läßt.
In glücklicher und dankbarer Erinnerung der schönen Badener Tage

verehrend J. B.

Joachim hat über erfolgreiche Aufführungen des Violinkonzerts und des Doppelkonzerts in England berichtet: »Man kennt und liebt Deine Musik, und hat Respekt vor Dir wie vor keinem anderen ...«

AN JOSEPH JOACHIM

[Wien, 5. März 1888]

Verehrter Joachim,
Ich dachte, Hausmann habe Partitur und Stimmen mitgenommen! Ich weiß Henschels Adresse nicht – magst Du deshalb wohl die Güte haben, ihn zu bitten, alles an Hausmann in Berlin zu schicken. Es wäre dann ja für Hamburg und Aachen, von wo ich nichts gehört, alles bei der Hand.
Für Deine freundlichen Mitteilungen schönsten Dank. Ich lasse mir nun einmal von so hübschen und erfreulichen Sachen lieber erzählen, als daß ich sie erlebe und all den Trubel dazu. Für mich ist f. a. e. [»Frei, aber einsam«, die Devise ihrer Jugend] ein Symbol geblieben, und darf ich es, trotz allem, wohl segnen. Wenn ich gleich Eure künstlerische Arbeit und Freude dort gewiß nicht unterschätze, so ist mir doch auch wieder mein bißchen Unabhängigkeit recht, und daß die englischen Pfunde bei mir nichts gelten und ich jetzt behaglich an einen Frühling in Sizilien denken kann.
Aber recht von Herzen grüße ich dorthin von Mizi [Maria Soldat] bis zu Chiara [Clara Schumann] hinauf und bin allezeit

Dein ergebenster J. Br.

Simrock hat die drei frühen Klaviersonaten Op. 1, 2 und 5 von Brahms, die längst vergriffen waren, vom Originalverlag Breitkopf & Härtel gekauft, um sie neu herauszugeben.
Brahms spielt im folgenden Brief auf die von ihm geschätzten billigen Ausgaben des Verlages Peters an.

AN FRITZ SIMROCK

[Wien, 1. April 1888]

Bester S.,
da soll man gratulieren!?!? Ich aber weiß kein Wort zu sagen – weil ich kein Wort verstehe. Und was ich sagen und fragen möchte, kommt mir alles unzart und zudringlich vor. Ich kann nicht dafür, wenn Sie mich ganz bodenlos überschätzen. Durch mein Benehmen habe ich gewiß nicht dazu bei-

getragen. Das Gegenteil kann ich doch aber nicht grade versuchen und mir selbst vor Ihnen die ganze schöne Haut abziehen!?
Ich soll »sympathisch« empfinden! Ach Gott, ja; mich rührt Ihre Sympathie, aber ich finde es über die Maßen unvernünftig, wenn Sie von Härtels Sachen kaufen – ich kann mir nicht denken, wie teuer – die ihnen beiläufig 100 L'dors gekostet haben, und die in kürzester Zeit nicht einen Schuß Pulver wert sind. Daß ich neue Sachen nicht an andre abgebe, brauche ich, unserer Erfahrung nach, nicht zu versprechen. Mein Wunsch, es zu tun, beruht, wie Sie hoffentlich glauben, auf sehr kindlichen und dazu unklaren Gefühlen.
So ein klein bißchen Sympathie für den Verlag Peters müssen Sie schon erlauben. Ich weiß alles, was dagegen spricht – aber Freude müßte es einem doch machen, wenn Partituren oder Liebeslieder z.B. so etwas leichter gekauft werden könnten. Auf den Galerien ist eben wirklich besseres Publikum als in den Logen .....
Um Ihnen aber meine Sympathie, oder eigentlich mein Mitleid mit Ihrer großen Sympathie zu zeigen, möchte ich jetzt wirklich und ernstlich festsetzen, daß ich von jetzt ab kein Honorar mehr empfange, sondern, wie ich neulich vorschlug, mir jedesmal ein Guthaben angeschrieben wird, auf das ich im Notfall Anspruch erheben kann, und das mit meinem Tode einfach erlischt.
Sie kennen meine Verhältnisse (besser als ich) und wissen, daß ich auch ohne weiteres Honorar ungeniert leben kann. Das werde ich auch, soweit irgend meine, nicht Wagnersche, Art das Bedürfnis hat. Nach meinem Tode aber – sollte ich Ihnen eigentlich den ganzen Rest vermachen, damit Sie etwas aus der Härtelschen Geschichte herauskommen. Na also, ich gratuliere, aber wasche meine Hände mit Karbol und allem möglichen!
Und so, in aller Sympathie und mit ernstlichem Mitleid

Ihr herzlich ergebener J. B.

Am ersten April! Ich möchte, es wäre ein Aprilscherz!

Es ist kaum nötig, hinzuzufügen, daß der Verleger Brahms nicht beim Wort genommen hat.

Thun, den 24. Juli 1888

Liebe Clara,
schon der Anblick Deines lieben Briefes erfreute mich gar sehr: »so viel Selbst-Geschriebenes«, dachte ich, da ist der Rheumatismus doch nicht gar zu scharf, und wir wollen zufrieden sein.

Nun ließ ich es gleichwohl anstehen, auf den lieben Brief zu erwidern. Es lag mir eben etwas auf dem Herzen und in den Gedanken, das nicht aus der Feder wollte. Schließlich aber, es hilft nicht, nimm einmal alle Deine Güte und alle gute Gesinnung für mich zusammen, höre und sage dann ein freundliches Ja.

Ich nehme an allem, was Dich betrifft, den allerherzlichsten Anteil, so auch an allen Sorgen und Mühen, die bei einem so reichen Leben nicht ausbleiben können – Dir aber in gar reichem Maße zuteil werden.

Von den kleineren, den Geld-Sorgen, mache ich mir keine übertriebenen Vorstellungen und Gedanken. Aber es ärgert mich, daß Du auch diese hast – während ich in Geld schwimme, ohne dies irgend zu merken und ohne irgend Pläsier davon zu haben. Ich kann, mag und will nicht anders leben; es wäre unnütz, den Meinigen mehr zu geben, als ich es tue, und wo es mein Herz verlangt, kann ich in jedem Maße helfen und guttun, ohne es zu merken. Nach meinem Tode aber habe ich keine Verpflichtungen oder besondere Wünsche.

Kurz, die Sachlage ist einfach.

Die Tage ging es mir aber einmal wieder durch den Kopf, wie ich es nur anfangen könnte, Dir eine Summe zu schicken. Als reicher Kunstfreund mit anonymem Brief, als nachträgliche Einzahlung in den Schumannfond oder wie sonst. Ich kann nichts derartiges tun, ohne irgend jemand so weit ins Vertrauen zu ziehen, daß er das Richtige raten kann.

Wenn Du mich dagegen für einen so guten Menschen hältst, wie ich es bin, und wenn Du mich so lieb hast, wie ich es wünsche – dann wäre auch der zweite Teil der Sache einfach, und Du erlaubtest ganz ohne weiteres, wenn ich mit meinem sehr überflüssigen Mammon mich z. B. dieses Jahr an Deinen Ausgaben für die Enkel mit etwa 10000 M. beteilige.

Simrock hat wieder einen ganzen Haufen Chöre, Quartette und Lieder. Von dem schönen Honorar merke ich gar nichts, es wandert lautlos und unnütz in die Reichsbank.
Nur denke, wie große Freude mir die Sachen und das Honorar machten, wenn Du mir ein rundes nettes »Ja« sagtest.
Weil jedes Ding aber 2 Seiten hat, so sage ich, daß ich mich im ungünstigen Falle entschließe, Simrock den Auftrag zu geben, jene Summe in den Schumannfond zu zahlen.
Auf das übrige Deines lieben Briefes nächstens, für jetzt nur noch, daß ich in der Wieckschen Angelegenheit sehr für vollständiges Schweigen bin.
[...]
Wie gesagt, nächstens weiter, und für heute bitte ich nur um eine freundliche Korrespondenzkarte, auf der bloß ein fröhliches Ja steht für Deinen alsdann sehr fröhlichen

Johannes

AN CLARA SCHUMANN

Wien, den 3. Oktober 1888

Liebe Clara,
sei nicht böse, wenn ich mit einem da capo komme. Du hast den Sommer meine beabsichtigte Sendung *so freundlich* zurückgewiesen, daß ich Sie jetzt, da wir beide zu Hause sind, doch riskiere. Ich hätte die ganze Geschichte vielleicht geschickter anfangen können – doch weiß ich immer noch nicht, wie denn.
Wollte ich mich nicht zur Sendung bekennen, so müßte doch irgendwer Deine Adresse schreiben – usw., kurz, eine Ahnung von der Sache haben. Laß Dir also gefallen, wenn ich Dir morgen 15 Mille (durch Zins und Zinseszinsen!) ganz ergebenst zu Füßen lege, und ich bitte herzlich, schreibe nur auf eine Korrespondenzkarte, daß sie dort liegen – weiter aber nichts!
Ich weiß ja und denke mit Pläsier daran, wie gewissenhaft Du Dich jetzt durch den riesigen Berg Geburtstagsbriefe durcharbeitest, und wie er täglich von Deinem Fleiß zusammenschmilzt.
Sonst aber denke ich oft und gern, wie Du jetzt die schönen Herbsttage genießt und Dich Deines behaglichen Hauses und lieblichen Gartens erfreust!

Von Herzen grüße ich alle, und Dich bitte ich, nur ja nicht böse zu sein und die ganze Sache recht hübsch freundlich anzusehen.

Ganz Dein Johannes

Brahms schickt seine eben vollendete Violinsonate in d-Moll an Frau von Herzogenberg nach Nizza.

AN ELISABET VON HERZOGENBERG

[Wien, 21. Oktober 1888]

[...] Für Ihren lieben Brief besten Dank. Ich bin ein wenig in Versuchung, Ihnen eine Kleinigkeit »im Hauskleid« zu schikken. Aber ist Ihnen das Einpacken und Zurücksenden nicht höchst unangenehm? Und lohnen tut sich's diesmal wirklich nicht. Frau Röntgen bei Ihnen! Allerschönstens bitte ich sie zu grüßen – eine Violinstimme für sie beizulegen ist wohl unnütz?!
Mit den armen lieben Leutchen hätte das Geschick etwas glimpflich umgehen sollen. Die können nicht (wie jetzt Frau Schumann) auf ein langes Leben und wie harte Schläge siegreich zurückblicken. Ich fürchte, ihm in Amsterdam wird's auch nicht sanfter gehen, den Winter! Billroth hat Sie in München gesucht, er wollte sich die Landschaften an Bein und Arm besehen!
– Verzeihen Sie – aber seien Sie herzlich gegrüßt von Ihrem

J. Br.

AN CLARA SCHUMANN

Wien, den 2. November 1888

Liebe Clara,
ich habe die neulich erwähnte Violinsonate an Herzogenbergs geschickt, und kriege einen so unverhofft freundlichen Brief darüber, daß ich nur daran denke, ob sie Dir auch wohl gefallen könnte. Lust, sie anzusehen, möchte ich voraussetzen, aber hast Du auch Zeit dazu, so schreibe ein Wort an Herzogenbergs, daß sie Dir die Sonate sogleich schicken sollen. Vielleicht magst Du sie mit Konnig probieren, oder, da ich höre, daß Du nach Berlin gehst, gar dort mit Joachim. Herzogenbergs haben eine gut lesbare Abschrift und auch die Violinstimme.

Verzeih, daß ich Dir nicht zuerst die Sonate geschickt habe. Aber den Hauptgrund glaubst Du mir nicht!?
Ich traue nie einem neuen Stück zu, daß es jemandem gefallen könnte. So auch diesmal, und zweifle ich auch noch sehr, ob Du Frau Herzogenbergs Brief unterschreibst! Gefällt Dir aber die Sonate beim Durchspielen *nicht*, so probiere sie nicht erst mit Joachim, sondern schicke sie mir zurück.
Deine Festtage hast Du hoffentlich glücklich und froh überstanden, ich habe viel an Dich denken müssen.

Herzlichsten Gruß allerseits
von Deinem Johannes

AN ELISABET VON HERZOGENBERG

[Wien, 3. November 1888]

Liebe Verehrte,
Tausend Dank, aber so sehr mich der Sonatenbrief gefreut hat, bin ich doch gegen ihn weit mißtrauischer als gegen den andern; auch über die Zigeuner-Lieder hätte ich nie erwartet, von Ihnen so Freundliches zu hören. Ich glaube indes lieber an einen Irrtum, als an Heuchelei, also besten, aber kürzesten Dank einstweilen.
Ich habe eben an Frau Schumann geschrieben, und falls diese die Sonate wünschen sollte, so schicken Sie sie ihr *allsogleich*. Abschrift können wir gelegentlich besorgen.
Ich zweifle, ob ich von meinen Sachen viel für Sie Geeignetes habe. Es bleiben nur Transpositionen und Arrangements liegen. Wollen Sie Bestimmtes angeben (wie die erste Violinsonate), so werde ich trachten, es zu besorgen. [...]
Nochmals also allerschönsten Dank, und wenn Sie etwa doch aus Güte den letzten Brief überzuckert haben sollten, so schicken Sie die Pfefferbüchse nachträglich

Ihrem dankbaren
Joh. Br.

AN ELISABET VON HERZOGENBERG

[Wien,] 10. November 1888

Liebe Freundin, es kommt nicht bloß auf das Schreiben, sondern auch auf das Lesen an.
In meiner Erwiderung auf Ihren Brief steht kein unwahres Wort und ist mir auch keines in Gedanken gekommen. Ich wäre gar nicht im Stande und würde mich schämen, in solchem

Fall und Ihnen und so gut Gemeintem gegenüber anders als einfach dankbar und durchaus aufrichtig zu schreiben – auch wenn ich etwa meinen dürfte, das Recht des Widerspruchs zu haben.
Es war nicht recht und hat Sie auch wohl verleitet, mißzuverstehen, daß ich auf so eingehend Gesagtes *einstweilen* so flüchtig und kurz erwiderte. Gar konfus mag das gelautet haben, weil mir doch allerlei durch den Kopf ging, was ich gelegentlich ausführlicher äußern wollte.
Ich habe mir schon oft gesagt, daß ich besser tue, auf schriftlichen Umgang zu verzichten. Gewöhnlich versehe ich es mit dem Schreiben – sonst aber gewiß der andere mit dem Lesen!
Die Sonate haben Sie hoffentlich wirklich allsogleich abgeschickt – Sie wissen, daß Frau Schumann sehr kitzlich ist!

Herzlichen Gruß allen Dreien von Ihrem
J. Br.

AN CLARA SCHUMANN

[Wien, Ende Juni 1889]

Liebe Clara,
mich verlangt lange und sehr, zu wissen, wie es Dir nach der italienischen Strapaze ergeht, und wie es mit Deinen Sommerplänen aussieht. Es war immer ein Lieblingswunsch von mir, Dich in Italien zu sehen, und doch ist es mir lieb, daß ich diesmal nicht dabei war. Es hätte mir eben Deinetwegen nicht genügt, Deine Jahre und Kräfte erlauben nicht, gehörig »unterzutauchen«. Eine Ahnung aber hast Du wohl bekommen, wie genußvoll Reise und Aufenthalt dort ist, wenn man seine Kräfte nicht zu schonen und seine Zeit nicht zu sparen braucht.
Daß man mich in Hamburg zum »Ehrenbürger« gemacht hat, weißt Du natürlich. Alles Drum und Dran war übrigens schön und erfreulich wie die Sache selbst. Mein erster Gedanke in solchem Fall ist mein Vater und der Wunsch, er möge es erlebt haben; zum Glück ist er auch ohne das nicht unzufrieden mit mir davon gegangen.
Mein zweiter Gedanke sind die Briefe, die solche Geschichten kosten, und die mir mehr Laune und Zeit verderben als nötig. Gestern und heute erhalte ich unerwartete und unverständli-

che Telegramme und Karten aus Wien und Österreich – ich wittere so 'was von einem österreichischen Orden, denke aber diesmal bloß an die nötigen Dankbriefe! Ich muß vermutlich Anfang September zu einem Musikfest nach Hamburg, überhaupt und im besondern, weil 3 kürzere Doppelchöre *a cappella* von mir gemacht werden. »Deutsche Fest- und Gedenksprüche« [›Fest- und Gedenksprüche‹, Op. 109], so etwa für Feiertage wie Sedan etc. (herrliche Bibelworte).
Nun aber laß mich gelegentlich von Euch hören, und sage doch auch, wie Du Herzogenbergs fandest. Sehr angenehm war mir der Gedanke, daß Du sie und Hildebrandt in Florenz zur Gesellschaft hattest. Unverständlich aber war mir ihr Aufenthalt bei der Hitze in Florenz und die Abwechslung dann mit Berchtesgaden! Recht von Herzen grüße ich und bitte um ein Viertelstündchen Schreibelust für

Deinen Johannes

AN FRANZ WÜLLNER

[Wien, November 1889]

L. Fr.
Herzlichen Dank und noch herzlichere Bitte!
Ich schicke heute die Partitur der Festsprüche und wünschte nur, Du mögest sie recht freundschaftlich streng ansehen – und dann gar mit einem zweiten es ebenso machen!
Ich lasse mir nämlich auch die Stimmen zu den drei anderen Motetten (Op. 110) stechen. (Du sahst sie in Ischl schon.)
Es wäre mir eine große Freude, wenn Du auch diese (wie ich meine, besseren) Stücke singen lassen und scharf betrachten möchtest.
Hoffentlich könnte ich mir im Lauf des Winters dann alles einmal anhören.
Für jedes NB. bin ich Dir dankbar – auch wenn's nichts nützt! Ein f♯ – f♮ z.B. in Nr. 2 kann ich Dir nicht schenken: die Männerstimmen auf S. 8 mag ich der ungünstigen tiefen Lage wegen nicht anders und besser setzen etc.
Du siehst aber auch daraus, daß unsere sommerlichen Gespräche nicht umsonst waren!
Ich glaube, an der zweiten Sammlung wirst Du mehr Spaß haben! Wie nenne ich übrigens die drei Stücke, die ich gern zusammenließe, einfach Motetten?

Die erste Sammlung denke ich bloß »Fest- und Gedenksprüche« zu betiteln – und dem Hamburger Bürgermeister zu widmen!

Herzlichen Gruß den Deinen und Dir von J. Br.

Joachim hat den Freund dringend eingeladen, bei einem Beethovenfest in Bonn als Pianist mitzuwirken.

AN JOSEPH JOACHIM

[Wien, Ende Dezember 1889]

Verehrtester Freund,
Du magst geschmunzelt haben und gedacht: er ist doch eher schon einmal auf sein Klavierspielen, als auf sein Notenschreiben eitel gewesen! Mag sein, aber verwöhnt bin ich als Virtuose nicht, und vor allem: auch Du würdest den Leuten kein Muster zeigen wollen, wenn Du, wie ich, jahraus, jahrein nur Dir selbst vorspieltest.
Das weißt Du indes alles so gut wie ich, und so verzeih mir, wenn die Antwort auf so ehrende Einladung etwas ungeduldig und unfroh klingt. Desto froher begrüße ich Dein Kommen und desto sicherer erwarte ich von Eurem Quartett das Musterhafteste! *Das* hört und sieht man selten, und es wundert mich nicht, wenn Du es bei Bülows 9ter nicht gehört. Ich war im vorigen Jahr bei einer Probe davon – aber allerdings besonders empfänglich für die Vorzüge, denn mir klang und klagte noch Dein Hamlet u. a. im Ohr! Entschuldige, aber ich habe eben bei beiden so gut wie möglich genossen.
Besondere Wünsche für Dein Programm? Ich würde mit sechs Haydn anfangen und dann lange fortfahren.
Nebenbei: ist mir von meinen das B-Dur am willkommensten.
Ein besonderer Gefalle geschieht mir damit, daß Ihr im kleinen Saal spielt, das hätte ich mir nicht zu hoffen getraut.
Und so denn auf frohes Wiedersehen.

Dein verehrend ergebener J. Br.

AN CLARA SCHUMANN

Ischl, August 1890

Liebe Clara,
Das herrliche Wetter jetzt wird Dich wohl veranlassen, länger dort [in Berchtesgaden] zu bleiben. Möchtest Du nicht für alle

Fälle eine Korrespondenzkarte mit meiner Adresse hinlegen, um mir zur Zeit zu melden, wann und wohin Du gehst? Vielleicht sehe ich Dich doch dort oder in Baden-Baden. – Aber ich will nicht von meinen Reiseplänen anfangen – so wenig wie von meiner Werkstatt. Ach Gott, ich habe mir niemals eingebildet, zu den Glücklichen zu gehören, die eine »Werkstatt« haben! Und ich will doch gar nicht leugnen, daß ich glaube, ihr Glück bisweilen auf das schönste empfunden zu haben.
Also Reise- und Werkstattpläne gab es auch heuer genug, aber es wird nicht viel davon bleiben. Von letzterem vielleicht für ein paar Proben in Deinem Zimmer. Wenn ich damit aber etwa ein Streichquintett [G-Dur, Op. 111] meine, so ist doch ein Unglück, daß mein erstes (F-Dur) wohl eines meiner hübschesten Stücke ist!?
Es interessiert Dich vielleicht, daß meine beiden ersten Symphonien im Arrangement für 2 Kl[aviere] erscheinen. Leider nicht von mir (ich schreibe gern für 2 Kl.), aber vielleicht zu Deiner und anderer Freude höchst sorgsam und fleißig gesetzt von Rob. Keller, namentlich durchaus möglichst leicht spielbar und gar nicht anstrengend durch Oktaven und Tremolos!!

....

Hier müßtest Du mich als Rektor Müslin, als Kinderfreund sehen! Es gibt keine liebenswürdigeren und angenehmeren Menschen und Kinder; ich gehe nicht aus, ohne daß mir das Herz lacht und ich die Empfindung eines frischen Trunkes habe, wenn ich so ein paar allerliebste Kinder gestreichelt habe. In Italien ist es auch so – nur spricht man dort kein so gut verständliches Deutsch. In Baden freue ich mich auch der Menschen, nicht aber in Bayern oder gar der Schweiz. Ich rede von den Menschen, die ich nur auf der Straße sehe und kenne – die mir aber wichtiger sein mögen als die meisten, die ich in den Häusern kenne. Ernsthaft bin ich selbst genug zu Haus, ich freue mich, beim Ausgehen ein freundliches Gesicht zu sehen. Nun denke ich an Dein freundlichstes und liebstes und grüße von Herzen.

Dein Johannes

AN THEODOR BILLROTH

[1890]

Bester Freund!

Dein so inhaltsreicher, lieber und schöner Brief regt nach allen Seiten hin an und verlangt und reizt nach gar mancher Erwiderung.

Er möchte mich verführen, mich ebenso vertraulich im Plaudern gehen zu lassen; das dürfte aber nicht so erfreulich klingen, wie, trotz allem, Dein Brief klingt!

Im Grunde aber bist Du eben behende mit dem Wort und mit der Feder und sagst andern, was ich in mich hinein monologisiere.

Und wie ich denn weiß und empfinde, wessen ich mich auch zu erfreuen habe, so klingt dasselbe mir auch aus Deinem Brief, trotz allem Ernst und aller Unruhe.

Ernst und unruhig ist er vielleicht zu sehr – aber nicht trübe, und trübe Betrachtungen sind es, vor denen wir uns wohl hüten mögen, mit andern und den ernstesten werden wir schon fertig.

Für heute nimm hier denn nur die freundlichste (und mir die bequemste) Antwort: beiliegend weitere Bücher des Schweizer Freundes, der Dir ja auch gleich so sympathisch wurde. Du hältst ihn (wie ich auch möchte) für einen glücklichen Menschen – wenn nur Deine (unsere) Voraussetzung richtig ist! Wir sehen und urteilen nur nach dem einzelnen, was uns der Freund fertig und abgeschlossen sehen läßt – darnach darfst Du denn auch bisweilen für recht glücklich halten

Deinen von Herzen grüßenden

J. Br.

Ein Brief von Billroth an Brahms schließt mit den Worten: »Ich habe oft darüber gegrübelt, was menschliches Glück sei – nun, heute war ich im Anhören Deiner Musik glücklich. Darüber bin ich mir ganz klar.«
Brahms antwortet:

AN THEODOR BILLROTH

[7. November 1890]

L. Fr.!

Habe herzlich Dank für Dein überaus freundliches und erfreuendes Schreiben.

Meine Natur hat sich nicht geändert. Ein solches Wort in

solchem Fall ist mir nicht nur angenehm, es ist mir nötig – denn ich selbst sage es mir nicht, und es klingt auch nur leise und hübsch zart gedämpft in mir wieder!
So denn morgen auf fröhliches Wiedersehen

Dein J. B.

AN CLARA SCHUMANN

Meiningen, den 15. März 1891

Liebe Clara,
Dein Brief war mir eine gar schöne und liebe Überraschung! Daß Du meine Haydn-Variationen gespielt, daß sie bis zum d[a] c[apo] gefallen, und am allerschönsten, daß sie Dir so ans Herz gegangen – das mußte ich gleich öfter hintereinander mit Wonne lesen. Dem Stück gegenüber bin ich etwas schwach, und ich denke daran mit mehr Vergnügen und Genugtuung, als an viele andere. Nun aber zunächst: Du bist hier ein für allemal auf das allerherzlichste eingeladen und kannst kommen, wann und wie lange Du willst.
Ich sollte Dir jetzt ausführlichst telegraphieren, Du möchtest dich jetzt und gleich entschließen. Ich halte das leider bei Dir und Fräulein Marie für so ganz unmöglich, daß ich nicht den Versuch mache. Sollte der Entschluß doch für die nächste Zeit möglich sein, so telegraphiere ein kurzes Wort, und ich bleibe und erwarte Dich! Du könntest ja etwa schon Donnerstag hier sein oder Sonntag oder wann Du willst.
Unbequemlichkeiten irgendwelcher Art hast Du nicht zu fürchten (auch nicht mit Toilette), Dich fahren und Dich tragen lassen (die Treppen im Schloß), wie Du willst. Die wohltuende Liebenswürdigkeit und Behaglichkeit hier habe ich Dir genug beschrieben. Vielleicht auch entschließt Du Dich für die nächste Woche? Wenn ich nicht das ganz Unglaubliche eines raschen Entschlusses höre, so denke ich Freitag früh nach Frankfurt abzufahren, könnte also ... Samstag früh eine Probe mitmachen.
Hier habe ich mir gleich den ersten Morgen eine Probe vergönnt, und zwar ganz allein. Sind die Herrschaften dabei, so heißt es Brahms und wieder Brahms. Ich aber ließ mir ein Konzert für Bläser-Quartett von Mozart und ein Konzert von Bach für 3 Violinen, 3 Bratschen und 3 Celli vorspielen! Im Theater wird heute Abend (überhaupt zum erstenmal) die griechische Tragödie »Oenone« von Widmann aufgeführt. Er

ist auch hier als Gast des Herzogs, und schon an den Proben haben wir große Freude. Donnerstag ist Schauspiel, und deshalb denke ich vielleicht erst Freitag früh zu fahren.
Daß mir nicht das geringste daran liegt, mein Quintett in Frankfurt zu hören, sage ich Dir freilich *ganz unter uns*, aber es versteht sich ganz von selbst. Solltest Du also wirklich in Versuchung sein, so hast Du nur zu bedenken, was Dich angeht. Na – Märchen lese ich gern, aber glauben und hoffen tue ich so Märchenhaftes nicht. An Deinen Brief und Deine Liebe für die Haydn-Variationen denke ich nochmals mit größter Freude, und sage herzlich, auf baldiges Wiedersehen.

Herzlichst Dein Johannes

AN CLARA SCHUMANN

Meiningen, den 17. März 1891

Liebe Clara,
da ich Dir doch genauer sagen will, daß ich Freitag (9 Uhr beiläufig) über Eisenach zu reisen und um beiläufig 4 Uhr dort [in Frankfurt] zu sein gedenke, so danke ich denn auch für Deine freundliche Nachricht – die ich ja gewiß nicht noch freundlicher – d. h. günstiger, erwartet habe. Den Herrschaften habe ich auch durchaus keine Hoffnung gemacht; Dein Flügel aber wurde dennoch für alle Fälle gestimmt und die Dir bestimmten Zimmer geheizt, damit Du sie gewiß behaglich durchwärmt fändest! Außer meinen Symphonien und z. B. den Haydn-Variationen hättest Du der Tage auch das sehr schöne f-Moll-Konzert für Klarinette [von Weber] gehört – man kann nicht schöner Klarinette blasen, als der hiesige Herr Mühlfeld tut. Händels Feuer- und Wasser-Musik – mir fällt nicht gleich ein, was gestern war und morgen sein soll.
Dr. Widmann dankt herzlichst für Deinen Gruß, und dem * sage nur gewiß nicht, daß am Freitag Nachmittag kommt

Dein herzlich grüßender Johannes

Ein ernsthafter Verdruß mit Clara ergab sich bei der Herausgabe der Werke Schumanns aus einer Angelegenheit, in der Brahms mit Überzeugung und vielleicht mit einer gewissen Eigenmächtigkeit vorging. Die Vierte Symphonie von Schumann existiert in einer zwölf Jahre vor der Veröffentlichung geschriebenen ersten Fassung – sie war eigentlich seine zweite Symphonie gewesen –, die Brahms in klanglicher Hinsicht für besser hielt als die endgültige Fassung. Dies hatte er in einem Brief an Herzogenberg auseinandergesetzt. Diese erste, »Symphonische Phantasie« genannte Fassung wurde auf seine Veranlassung als Anhang zur Gesamtausgabe veröffentlicht, herausgegeben von Franz Wüllner. Clara war bitter gekränkt über diese Eigenmächtigkeit, wohl auch über Wüllner als Herausgeber – »der mir Fremdeste unter allen Musikern« – und Brahms ist ihr gegenüber von nicht geringerer Empfindlichkeit.

AN HEINRICH VON HERZOGENBERG

[Wien, Oktober 1886]

Lieber Freund,
ich glaube Ihnen und Joachim eine sehr schöne und interessante Mitteilung durch Beifolgendes zu machen.
Es ist die genaue Zusammenstellung der gedruckten Partitur von Schumanns d-Moll-Symphonie mit der ersten Lesart derselben – von Schumann im Vorwort bescheiden, aber doch wohl ganz unrichtig »Skizze« genannt. Die Sachlage ist einfach und Ihnen wohlbekannt. Schumann hat sich durch eine erste Probe abschrecken lassen und später in Düsseldorf, an ein schlechtes und schlecht besetztes Orchester gewöhnt, die Symphonie neu instrumentiert.
Der Anblick der ersten Partitur hat mich stets entzückt. Es ist aber auch eine Freude zu sehen, wie das heiter und leicht Erfundene ebenso leicht und natürlich ausgesprochen wird. Es ist (ohne weitere Vergleichung) wie bei der g-Moll-Symphonie von Mozart, die ich ja auch besitze; alles ganz selbstverständlich, und als könnte es ja gar nicht anders sein, nirgends eine grelle Farbe, nichts willkürlich aufgesetzt usw. Dagegen werden Sie auch immer empfunden haben, daß bei der zweiten Ausgabe der Genuß nicht so einfach ist, daß Auge und Ohr immer zu widersprechen haben.
Ganz unnützerweise mache ich besonders aufmerksam auf 20 (Hörner), 25, 30; 128, 9 (Viol., Baß); 141, 2 [Viol. I und II], 148, 9; 163, 4. Aber Sie werden Seite für Seite Ihre Freude haben.
Wenn die Meininger ein stärkeres Quartett [Streichorchester] gehabt hätten, würde ich es längst dort probiert haben. Wie ist es damit bei Joachim?
Nun ist auch die Frage, ob Sie, wie ich, der Meinung sind, die alte Partitur müßte erscheinen. In dem Falle nehmen Sie sich wohl der Sache an. Die Abschrift schicken Sie mir aber baldmöglichst zurück, da sie nicht mein Eigentum ist.

Für Ihre freundliche Sendung [Herzogenbergs Cellosonate] kann ich jetzt nur noch kurz danken – ich müßte sonst die Feder neu schneiden. Aber ich erwarte grade Hausmann und freue mich namentlich auf vieles im Finale – von dem ich aber die ersten zwei Seiten vielleicht weglasse?!
Seien Sie beide herzlich gegrüßt und lassen doch auch einmal hören

Ihren J. Br.

AN CLARA SCHUMANN

Wien, den 10. Oktober 1891.

Liebe Clara,
es ist mir recht peinlich und leid, daß Dir das Erscheinen der Symphonie so unerwartet kommt, es beruhigt mich jedoch, daß Du mir nur vom Geschäftlichen der Sache sprichst. So sage ich denn zunächst, daß sie wohl für niemand ein Geschäft ist und auch für Dich doch nicht gut sein kann. Du hättest doch nur sehr, sehr wenig beanspruchen können, wenn Härtels auf das Unternehmen eingehen sollten. Ob Wüllner für seine sehr großen Mühen ein (jedenfalls schmales) Honorar bekommt, weiß ich nicht. Ich habe nur recht bedeutende Kosten für Abschriften gehabt, freue mich namentlich schöner Doppel-Partituren (in denen beide Lesarten Seite für Seite sich gegenüberstehen) – werde mir aber vermutlich ein Exemplar kaufen müssen, wenn ich eins haben will.
Daß das Werk in dieser Gestalt erscheinen müsse, war stets meine bestimmte Ansicht; gewußt hast Du darum und auch – jedenfalls nicht nein dazu gesagt, dessen bin ich sicher. Nur ob ich einen Beweis dafür finde, ob es schriftlich oder mündlich geschehen, das weiß ich nicht. Wenn ich Dir nicht öfter davon sprach oder schrieb und in letzter Zeit nicht, so ist der Grund einfach der, daß ich leider durchaus nicht annehmen darf, meine Empfehlung und meine Liebhaberei gelte bei Dir oder fände ein günstiges Vorurteil. Das ist nun einmal so. Ich mag keine Beweise und vor allem keine Namen anführen, aber – wie gern hätte ich Dich auch jene Doppelpartitur eingehend betrachten lassen, wäre Dein Gesicht nicht von Anfang an gar so zweifelhaft gewesen. Erst bei Müllers Urteil warst Du beruhigt, zufrieden und die Sache für Dich erledigt. So mag ich denn auch jetzt nicht ausführlicher davon sprechen, wie sehr ich diese erste Lesart liebe und bewundere und ihr Erscheinen

nötig finde. Aber über Deine, wenn auch vielleicht nur stillschweigende, nicht verneinende Zustimmung bin ich, wie gesagt, nicht in Zweifel.
Hoffentlich geht nun Deine Aufregung nur das Geschäftliche der Angelegenheit an. Daß ich dabei Dein Interesse außer Acht ließ, wirst Du mir gewiß leicht verzeihen können, denn dies Interesse kann nicht schwer wiegen!
Weiter wüßte ich einstweilen nichts zu sagen und grüße nur herzlichst, hoffend, es gehe mit Deinem Befinden immer besser.

Ganz Dein Johannes

AN CLARA SCHUMANN

Wien, den 16. Oktober 1891

L. Cl.
Herausgeber der Symphonie bin ich und auch zugleich der einzige, der ihr Erscheinen veranlaßt und zu verantworten hat.
Meinen Namen konnte ich nicht voransetzen, zunächst weil ich kein Orchester zur Verfügung habe, um das Nötige zu versuchen und dem leiblichen Ohr zu beweisen; dann – weil ich leider die Erfahrung habe, daß ich kein guter Redakteur bin. Ich habe es oft genug versucht und stets mit aller Liebe und allem Fleiß, darf mir aber kein besonders gutes Zeugnis geben und muß anerkennen, daß andere geeigneter zu dem Geschäft sind. Für diesen Fall nun wüßte ich auch heute keinen besseren als Wüllner, den ich für einen unserer tüchtigsten, gebildetsten Musiker halte, der einem vortrefflichen Orchester vorsteht, der mit höchstem Interesse an diese Aufgabe ging und schließlich sich als Redakteur ausgezeichnet bewährt hat (auch z.B. in einigen schwierigen Bänden der Bach-Ausgabe). – Eigentlich ist dies alles viel zu anspruchsvoll gesagt, denn in Deinem Brief behandelst Du mich und W. nicht wie zwei ehrliche Männer und Künstler, die sich in Deinen Augen vielleicht irren, aber doch, ihrer Meinung nach, eine ihnen heilige und teure Sache mit Ernst und Liebe betreiben, sondern – wie das gerade Gegenteil von all diesem.
Das wäre nun, was ich zu erwidern wüßte auf das, was Dein Brief sagt. Was zwischen den Zeilen steht, was ganz eigentlich Dein Brief ausatmet, darauf mag ich nicht eingehen. Gedacht

und empfunden habe ich es längst, aber nicht gefürchtet, es so deutlich hören zu müssen.
Ich habe es viel mit mir herumgetragen. Immer aber habe ich, wie heute, es für aussichtslos halten müssen, wollte ich versuchen, dagegen zu kämpfen.
Dein heutiger Brief ist aber auch für einen bloß ehrlichen Menschen zu scharf und verbietet mir Weiteres.

In immer gleicher Verehrung
Dein ergebener J. B.

Brahms hat, wie gewohnt, ein neues Werk – sein Streichquintett in G-Dur – an die Herzogenbergs geschickt. Eine Antwort hat er noch nicht erhalten.

AN JOSEPH JOACHIM

[Wien, 11. November 1890]

Lieber, Verehrter,
Wenn mein neues Quintett Herzogenbergs durchaus nicht gefällt, so ist es sehr hübsch von ihnen, wenn sie auch Dir gegenüber diskret sind.
Wenn sie dagegen in einem günstigeren Fall das Werk selbst und ihre Freude daran Dir und wem sie wollen mitgeteilt hätten – muß ich wirklich und ausdrücklich sagen, daß mir dies recht und lieb gewesen wäre?
Frau Schumann schreibt mir von der Sache und teilt eine Äußerung von Dir mit, auf die ich so gern das Allerfreundlichste berichtigend gesagt hätte – mir kommt aber die ganze Geschichte so einfach und klar vor, daß ich nichts zu sagen weiß.
Soll ich wirklich noch mehr ganz Selbstverständliches schreiben? Daß ich bei einem neuen Stück nicht weiß, ob ich ja oder nein dazu sagen darf? Daß ich eher Herzogenbergs als Dir zumute, einen Brief zu schreiben? Ich finde wirklich nicht das Geringste, das in dem Fall nötig zu sagen wäre!?
Nimm mit dem guten Willen fürlieb, und ich wünsche mir herzlich, wenn nicht bei diesem, so bei einem andern bessern Stück Deine Zustimmung, Deinen Beifall!

Wie immer Dein Johs. Brahms

Der Argwohn war unberechtigt; Joachim hatte bereits eine Aufführung des Streichquintetts angesetzt.

AN JOSEPH JOACHIM

[Wien, 27. November 1890]

Lieber Joachim,

Wie Du siehst, halte ich mit G-Dur besser Wort als Du – hier ist das meine! – ? – Natürlich steht es für den 10ten und auch sonst zu Diensten; doch gilt die bloße Aufführung einer »Novität« mir noch nicht als »Bravo«; das müßte extra gesagt werden! Viel wichtiger aber wäre mir jedes Bedenken irgendwelcher Art, das Du aussprächest.

Über eines muß ich ausdrücklich und recht sehr bitten, mir ein deutliches Wort zu sagen. Wir sind hier mit den ersten sieben Takten des Stückes nicht in Ordnung gekommen. Ich hatte den vier oberen Stimmen einfach ein f vorgeschrieben. Nun ist man hier, meiner Meinung nach, gar zu sehr gewohnt, jedes Solo p zu begleiten. Der Cellist Hummer meinte auch hier gleich, daß er über sich ein p haben müßte. Ich gab nicht nach, aber zum rechten Klang ist es auch nicht gekommen.

Jetzt habe ich für die Wiederholung (wie Du siehst) zwei Versuche vor. ein fp – cresc. – f oder die Änderung der Figur, wie sie auch Deinen Stimmen angeklebt ist.

Willst Du nun so gut sein, von diesen Lesarten zunächst ganz abzusehen und zu hören, wie Hausmann mit Eurem forte und Euren breiten Strichen auskommt. Dann schreibe mir, ob das fp – cresc. – f genügt oder ob man es sonst besser machen kann.

Verzeih das, aber die Kleinigkeit war mir recht ärgerlich.

Noch bitte ich, daß Du diesen ersten Satz (wenigstens einstweilen und bis er sehr ruhig geht) recht mäßig nimmst, im f und im p wie angehalten.

Falls Du das Stück nur bis zum 10ten gebrauchst, möchte ich bitten, es mir dann gleich zurückzuschicken, da ich grade dann nach Pest muß. Möchtest Du es aber für Hamburg oder sonst wo haben, so bitte ich nur, daß Du mir es möglichst zeitig sagst, dann kann ich mich danach einrichten, da Deine Stimmen ein 2tes Exemplar sind.

Nun wünsche ich herzlich, das Stück möge Dir ein wenig gefallen, aber geniere Dich nicht, mir das Gegenteil zu sagen. In dem Falle tröste ich mich mit dem ersten und über beide mit den Mozartschen!

Herzlich Dein Johs. Br.

AN JOSEPH JOACHIM

[Wien, 13. Dezember 1890]

Lieber Joachim,
vor allem sage ich kurz, daß Dir das Quintett jederzeit zu Diensten steht, wahrscheinlich übrigens bald gestochen. Vor allem aber danke ich herzlichst, daß Du zu einem so guten Brief Zeit gefunden hast.
Wenn Du gesehen hättest, mit welcher Liebe ich heute früh Dein Weniges in Partitur und Stimmen eingetragen habe, Du hättest sicher mehr angemerkt.
Aber nochmals: vor allem danke ich Dir und den Genossen allerschönstens, daß Ihr mein Stück so schön gespielt habt: ich habe es wohl gehört, sehr deutlich, genau und wunderschön in Gedanken gehört; mein Dank ist also ein ganz ehrlicher und durchaus berechtigter.
Um nun das arme Wort nicht totzuhetzen, sage ich schließlich und zum voraus meinen Dank *für Dein G-Dur!*

Wie immer herzlichst Dein Johannes

AN HEINRICH VON HERZOGENBERG

[Wien, Dezember 1890]

Erlauben Sie heute nur ein einsilbiges kurzes Wort.
Ich darf wohl annehmen, daß Sie zuhören, wenn das Quintett probiert wird.
Möchten Sie sich von Joachim meinen letzten Brief geben lassen. Was ich über den Anfang des Stückes schreibe und frage, ist auch an Sie gerichtet, und ich bitte recht schön, daß Sie hübsch zuhören und hernach mir deutlich schreiben!
Nun danke ich noch mit einem zweiten kurzen Wort für Ihren nur gar zu freundlichen Brief und auch für die gedruckte Beilage [Kompositionen von Herzogenberg] – die ich aber noch nicht gelesen habe.
Ich wünschte, ich könnte Ihnen zum Danke mitteilen, was mir aus [Gottfried] Kellers Nachlaß durch die Hände geht.
Eine kleine Probe lege ich ein, die Sie nach den Quintettproben wieder einlegen können Ihrem herzlich grüßenden

J. Br.

Zu Joachims 60. Geburtstag:

AN JOSEPH JOACHIM

[Ischl, 26. Juni 1891]

Lieber Joachim,
in den allgemeinen Chor am morgigen Tage stimme ich von Herzen ein und denke gern, mit wieviel Freude Du auf die lange durchlebte Zeit zurückblicken kannst und wie mit gar schöner Freude Dich in Kindern und Schülern fortleben siehst.

Das telegraphiert sich indes besser, denn man kann nicht fort denken und schreiben, ohne aus dem schönen einfachen *unisono* heraus – am Ende gar auf sich selbst zu kommen! Laß mich also dem frohen und herzlichen Gruß auch ein paar andere Worte beifügen.

Aller Wahrscheinlichkeit nach bin ich im September hier. Doch bitte ich Dich, darüber s. Z. in Gmunden erstaunt zu sein! Mit aller Absicht bin ich nämlich durchaus nicht darauf eingerichtet, in irgendeinen Salon zu gehen. Auch die freundliche Einladung der Königin ist für mich nur ein »Entweder – oder«, bei dem ich nicht zweifelhaft bin. Willst Du aber Deine Karte zu Herrn Miller von Aichholz schicken, so können wir dort höchst behaglich zusammen essen, Musik machen und was Du willst. Meinetwegen fahre nicht nach Ischl, ich komme sehr gern hinüber – begreife aber durchaus, wenn Dich das der Königin wegen geniert!

Nun habe ich noch herzlich zu danken, daß Du neulich so freundlich Dein Lob meines Quintetts wiederholtest. Deine Freude an dem Stück ist mir die größte. – Hier darf ich nun aber wieder nicht weiterschreiben, weil ich sonst wieder auf mich und gar auf meine Noten komme. Ich kann mich nur freuen, wenn andre besser darüber denken als ich – mich auch wundern, daß ich bei so wenig Aufmunterung *meinerseits* immer noch mit mir konkurrieren kann.

Hoffentlich auf fröhliches Wiedersehen, herzlichst Dein

Johannes Brahms

Während dieser Jahre war Eusebius Mandyczewski, ein junger Musiker, dessen Entwicklung Brahms mit Interesse und Sympathie verfolgt und gefördert hatte, in den Kreis seiner vertrauten Freunde getreten. Als Archivar und Bibliothekar der Gesellschaft der Musikfreunde war

Mandyczewski für ihn eine verläßliche Auskunftsquelle. Er ließ sich auch gern für praktische Dienste heranziehen, wie den Verkehr mit dem Kopisten William Kupfer und mit Buchbindern. Er besorgte auch das Verpacken und Versenden von Manuskripten, das Brahms immer sehr lästig fand, ganz besonders während seiner langen Sommerferien, der Hauptzeit seiner schöpferischen Arbeit. Brahms schätzte sehr die gründliche Sachkenntnis und das scharfe Urteil des jungen Freundes, wie auch seine gewinnende Liebenswürdigkeit.
Im Sommer 1891 entstanden zwei Kammermusikwerke, die dem hervorragenden Meininger Klarinettisten Mühlfeld ihre Anregung verdankten: das Trio in a-Moll für Klavier, Klarinette und Violoncello und das Quintett für Klarinette und Streichinstrumente in h-Moll.

AN EUSEBIUS MANDYCZEWSKI

[Ischl, 12. Juli 1891]

Ich bin in Versuchung, gegen alle Gewohnheit Ihnen schon jetzt das Trio zur gef. Besorgung an Kupfer zu schicken, sehr bittend, mir zu sagen, ob es Ihnen seiner würdig scheint – Gold heißt der Mann ja zum Glück nicht! [...]
Wann reisen Sie?

Herzlich grüßend Ihr
J. Br.

AN EUSEBIUS MANDYCZEWSKI

[Ischl, 14. Juli 1891]

L. Fr.
Ich schicke also richtig ohne alle Not u. allen Zweck das Trio, mit der kleinen Bitte, es Kupfer zu geben; zunächst möchte er die Partitur schreiben, dann die Stimmen u. schließlich noch die Klarinettstimme für Bratsche (größtenteils im Violinschlüssel der hohen Lage wegen). Eine größere Bitte wäre eigentlich die Hauptsache und der heimliche Zweck. Ich hörte gern ein Wort darüber u. wäre sehr erfreut, wenn es Sie dazu veranlassen könnte – ein Hurrah braucht es nicht zu sein!
Kupfer wird wahrscheinlich Geld wünschen, möchten Sie ihm einstweilen geben? Und so denn – in einiger Erwartung

mit herzl. Gruß Ihr J. Br.

Nach einem enthusiastischen Brief von Mandyczewski:

AN EUSEBIUS MANDYCZEWSKI

[Ischl, 21. Juli 1891]

Besten Dank für Ihren frdl. Brief. Ich kann Lob und Trio einstweilen um so mehr auf sich beruhen lassen, als dieses der Zwilling einer viel größeren Dummheit ist, die ich jetzt versucht bin, heraus zu päppeln. Damit Ihre Gefälligkeit nicht zu kurz kommt: Möchten Sie mir dazu 6 Bogen quer Format mit 12 System besorgen u. Kupfer bitten, es seiner demnächstigen Sendung beizulegen. Bitte *einschreiben* lassen!

Mit herzlichem Gruß Ihr
J. Br.

AN EUSEBIUS MANDYCZEWSKI

[Ischl, 24. Juli 1891]

Gegen Ihr Privat-Konzert [des Klarinettentrios] habe ich nichts – wenn Sie mir nachher recht schön beschreiben, wie sich das Ding macht u. wie es Ihnen gefallen hat. Ihr sonst so weisheitsvoller Brief irrt, wenn er etwa ein 2tes Trio ahnt! Ich werde für Mitte August stark nach Bern zur 700jähr. Gründungsfeier verführt. Es gefällt mir ungemein, daß sie als Festmusik im Münster dazu m. Fest- und Gedenksprüche singen. Dann aber Festspiel und Festzug mit 1200 Mitwirkenden! Lustig genug mögen die Tage sein!

Besten Gruß Ihres J. Br.

Die Wiener Konzertagentur Gutmann bewirbt sich telegraphisch um die Uraufführung des neuen Klarinettenquintetts. Aus dem »neuen« hat der Telegraph ein »neuntes« gemacht. Brahms schickt das Telegramm an Mandyczewski, blau unterstrichen mit einem »Hurrah« dazu:

AN EUSEBIUS MANDYCZEWSKI

[Ischl, 28. September 1891]

Ich habe es immer für übertrieben gehalten, die Hälfte von dem zu glauben, was die Leute sagen! Übrigens habe ich am 1ten im Igel zu speisen u. hätte Ihnen längst geschrieben und für so manches gedankt, wenn ich nicht täglich meinte, die Meldung machen zu können.

Herzl. Gruß Ihres J. Br.

AN JOSEPH JOACHIM

Hamburg, 1. Dezember 1891

Lieber Joachim,
Bülow hat am 7ten Konzert in Berlin und acht Tage darauf hier. So könnte er nun und würde sehr gern Dienstag d. 8. bei Dir eine Probe [der beiden neuen Werke] mitmachen. Mir wäre es eine große Freude, wenn es Dir möglich und recht wäre, für den Tag eine Probe anzusetzen und ihn dabei sein zu lassen.
Mühlfeld hat am 6ten in Meiningen mitzuwirken und kann am 7ten reisen; er wird dies gewiß mit doppeltem Vergnügen, wenn Ihr ihm mitteilt, daß er am folgenden Morgen seinem alten Chef vorblasen darf!
Ich denke am 6ten oder 7ten dort anzukommen. Ich bin begierig, wie Deine Quartettkollegen das Eindringen der Fremdlinge aufgenommen haben – freue mich aber auf unsern Abend ganz unbändig!

Bestens grüßend Dein J. Br.

Am 7. Januar 1892 ist Elisabet von Herzogenberg, kaum vierundvierzig Jahre alt, nach langem Leiden gestorben.

AN HEINRICH VON HERZOGENBERG

[Wien, Januar 1892]

Teurer Freund,
ich kann Ihnen nicht schreiben, so sehr ich in Gedanken bei Ihnen bin. Es ist ein vergebliches Versuchen, Ihnen aussprechen zu wollen, was mich so ganz und innig erfüllt. Und Sie werden stumm sitzen in Ihrem Schmerz, keine Worte haben und auch keine zu hören verlangen.
Mit Sorge aber und allergrößter Teilnahme denke ich an Sie und könnte nicht aufhören, zu fragen.
Sie wissen, wie unaussprechlich viel ich an Ihrer teuren Frau verloren habe, und können danach ermessen, mit welchen Empfindungen ich an Sie denke, der Sie ihr verbunden waren, wie es nur Menschen sein können.
Wenn Sie erst irgend gestimmt sind, an sich und andre Menschen zu denken, so lassen Sie mich doch erfahren, wie es Ihnen geht, und wie und wo Sie weiter zu leben denken.
Wie wohl würde es mir tun, könnte ich nur still bei Ihnen sitzen, Ihre Hand drücken und mit Ihnen der Lieben, Herrlichen gedenken!

Ihr Freund J. Brahms

AN CLARA SCHUMANN

Ischl, Juni 1892

Liebe Clara,

gern denke ich Dich mir in der wundervollsten Sommerruhe und zögere deshalb, Dir etwas zu melden, das, so sanft und mild es im Grunde ist, doch eine Trauerbotschaft heißt. Meine Schwester ist endlich von langen und schweren Leiden durch den Tod erlöst. Du warst ihr immer so freundlich gesinnt, daß ich meine, es Dir mitteilen zu müssen. Den ganzen Winter schon lag sie hoffnungslos nieder. Sie selbst aber hing so sehr am Leben, daß sie wohl bis zum Schluß die Hoffnung nicht aufgegeben hat. Wir andern mußten freilich längst das Ende herbeiwünschen, das hier nur eine Erlösung war.

Ich habe sie den Winter besucht und schrieb ihr gerade einen Tag vor ihrem Tode, daß ich für die allernächste Zeit an eine Reise dorthin dächte. Es geschah natürlich das Menschenmögliche für sie, und ich bin einem Hamburger Vetter und Böies in Altona auf das tiefste verpflichtet für die ernste Freundschaft, mit der sie mich in allem unterstützten.

Möchte diese meine Nachricht denn das Schlimmste sein, das Dir den Sommer entgegentritt, und er Dir so freundlich und ersprießlich sein, als es von Herzen wünscht

Dein Johannes

AN CLARA SCHUMANN

Wien, den 13. September 1892

Liebe Clara,

vergönne auch einem armen Abseiter, Dir heute zu sagen, daß er Deiner in immer gleicher Verehrung gedenkt und alles Gute, Liebe und Schöne Dir, dem ihm teuersten Menschen, aus vollem Herzen wünscht. Ein Abseiter bin ich Dir leider mehr als irgendein anderer. Das habe ich lange und schmerzlich empfunden, nur nicht erwartet, daß es so herbe zum Ausdruck käme. Du weißt, daß ich den ganz äußerlichen Anlaß (den Druck der Symphonie) nicht anerkennen kann. Vor Jahren schon habe ich das ganz gleiche stillschweigend, aber tief empfunden – als die Schumannschen Klavierstücke, die ich zuerst herausgab, nicht in die Gesamtausgabe aufgenommen wurden. Beide Male konnte ich nur denken, es sei Dir nicht sympathisch, meinen Namen dabei zu sehen; einen anderen

7 Clara Schumann

8 Aufnahme von Maria Fellinger, 1893

Grund kann ich mit dem besten Willen nicht finden oder zugeben.
Freunden gegenüber bin ich mir nur eines Fehlers bewußt: Ungeschicklichkeit im Umgang. Du hast lange und große Nachsicht gegen diese geübt. Hättest Du es doch wenige Jahre mehr.
Es ist hart, nach 40jährigem treuem Dienst (oder wie Du mein Verhältnis zu Dir nennen magst) nichts weiter zu sein als »eine schlechte Erfahrung mehr«. Nun, das will getragen sein, ich bin an Einsamkeit gewöhnt und sollte es sein an den Gedanken dieser großen Leere. Dir aber darf ich heute wiederholen, daß Du und Dein Mann mir die schönste Erfahrung meines Lebens sind, seinen größten Reichtum und edelsten Inhalt bedeuten.
Ich empfinde, daß ich – durch meine Art, nicht durch irgend anderes, den großen Schmerz Deines Abwendens von mir verdient haben mag, aber der liebende und verehrende Gedanke an Dich und ihn wird immer hell und warm leuchten

Deinem tief ergebenen J. B.

Das Junggesellenleben von Brahms und seine Freude an freundschaftlichem Verkehr brachten es mit sich, daß er in den wohlhabenden Wiener Bürgerkreisen, die lebhaft an Musik interessiert waren, ein häufiger und beliebter Gast war. Er war ein Freund von derber Kost, in kulinarischer Hinsicht keineswegs anspruchsvoll, und immer zufrieden mit dem, was die Wiener Gaststätten ihm boten; aber er ließ sich gern und dankbar von Freunden bewirten und verwöhnen. Es ist hübsch zu sehen, wie unerschöpflich der Meister der Variationenform in Varianten ist, eine Einladung zu beantworten oder sich etwa für den nächsten Sonntag als Gast anzusagen.
Übrigens kann man sagen, daß Brahms die kürzesten schriftlichen Mitteilungen hinterlassen hat, die von berühmten Musikern auf die Nachwelt gekommen sind. Die längsten stammen wohl von Wagner.
Zu den bevorzugten Wiener Freunden, bei denen Brahms auch gelegentlich den Weihnachtsabend verbrachte, gehörten der Fabrikant Dr. Richard Fellinger und seine Frau Maria, die sich eifrig als Photographin betätigte und von der so manches Porträt von Brahms erhalten ist.

AN MARIA FELLINGER

[Visitenkarte; 15. Dezember 1882]

Herzlich dankbar für Ihre Freundlichkeit, werde ich sie benutzen und Ihre Weihnachtskerzen leuchten sehen. Ich scheue mich immer, Ihnen den Haydn [eine Radierung von Ludwig Michalek] zu schicken, vielleicht sehen Sie sich ihn gelegentlich an, ob er Ihnen paßt und Sie einen Platz für ihn haben – ich wüßte einen geeigneten!

Herzlich grüßend
Ihr ./.

AN MARIA FELLINGER

[Postkarte; Wien, 19. Dezember 1886]

Ich denke bestimmt, Samstag wieder hier zu sein, und freue mich, den Festtag so angenehm verleben zu können!

Herzl. Dank
Ihres J. Br.

Eine Gegeneinladung an Frau Fellinger zu einer Probe des neuen Klaviertrios in c-Moll:

AN MARIA FELLINGER

[Postkarte; Wien, 24. Februar 1887]

Samstag 12 Uhr ist eine Trio-Probe bei Bösendorfer zu der ergebenst einladet

J. Br.

AN MARIA FELLINGER

[Postkarte; Wien, 13. Oktober 1887]

Da ich erst am Samstag Mittag abzufahren denke, so hätte ich mir morgen, Freitag Abend, das Vergnügen gemacht, zu Ihnen zu kommen. Wenn Sie nichts sagen, nehme ich an, daß es mir erlaubt ist! Heute war's leider nicht möglich

Ihrem herzl. ergebenen
Joh. Brahms

Wenn Sie Dr. Kupferschmied nicht zu oft gesehen haben, so laden Sie ihn vielleicht dazu?

AN RICHARD FELLINGER

[Thun, 7. Juli 1888]

Geehrter lieber Herr Dr.

Sie sind also glücklich wieder unglücklicher Strohwitwer! Ich erinnere, daß Sie für diesen Fall einmal meine Bibliothek wohlwollend anblickten. Möchten Sie nicht jetzt in meine Wohnung gehen, sich aussuchen und mitnehmen (auch an den

Attersee), was und soviel Ihnen gefällt? Frau Truxa bringen Sie vielleicht auf paßliche Art bei, daß dies nur für Sie gilt, und zum Überfluß legen Sie vielleicht auf meinen Tisch einen Zettel, wo Sie darauf notieren, *was* Sie mitnehmen – damit Frau T. Respekt vor unserer Ordnung kriegt! Es sollen auch Bücher für mich angekommen sein; haben Sie keine Eile, so sagen Sie mir vielleicht die Titel.
Einige Nummern Leipziger »Musikalisches Wochenblatt« liegen auch dort – täten Sie die in ein X-Band, so wäre dies das Vorletzte, was ich bitte, schließlich nämlich grüßen Sie die lieben Ihrigen, wenn Sie schreiben und gar, wenn Sie zu ihnen kommen,

von Ihrem herzlich ergebenen
J. Brahms

AN MARIA FELLINGER

[Postkarte; Frankfurt a. M., 25. März 1891]

Am Samstag früh denke ich zu Hause zu sein und würde es für einen freundlichen Zufall halten, wenn ich Ihnen etwa schon am Sonntag 1 1/2 Uhr viele herzliche Grüße von hier ausrichten dürfte! Einstweilen diesen kleinen flüchtigen Gruß als Abschlagszahlung von

Ihrem herzl. ergebenen J. Br.

Dr. Fellinger hat sich erboten, in der Wohnung von Brahms elektrische Beleuchtung einzurichten, in Wien noch etwas Neues.

AN RICHARD FELLINGER

[Postkarte; Wien, 19. Februar 1892]

Lieber Herr Dr., auf das Gerührteste denke ich an Ihre gar so freundliche Absicht – bitte aber gewiß, es bei der *Absicht* zu lassen, bis ich Sie aufgesucht und mir die ganze Geschichte habe erklären lassen, so gut das für den Verstand möglich ist

Ihres herzlich dankbaren J. Br.

AN MARIA FELLINGER

[Postkarte; Wien, 22. Oktober 1892]

Die Landstraßen werden morgen voraussichtlich zu feucht sein, um im Freien photographieren zu können – so wird sich sehr freuen, wenn bei Ihnen unterkriechen darf

Ihr herzlich grüßender J. Br.

AN MARIA FELLINGER

[Visitenkarte; 11. Mai 1894]

Wenn Sie erlauben, macht sich am Montag Pfingsten zum lieblichen Fest und kommt um 1 Uhr

Ihr dankbar ergebener ./.

Brahms hat dem Trio und dem Quintett zwei Sonaten für den Klarinettisten folgen lassen: die Sonaten für Klarinette und Klavier in f-Moll und Es-Dur.

AN MARIA FELLINGER

[Wien, 7. Januar 1895]

Liebe und geehrte Frau Doktor,
Hrn. Mühlfeld und mir könnte es allerdings ganz recht sein, um 12 Uhr musizieren und dann ruhig und vergnüglich uns zu Tisch setzen. Da Sie aber vermutlich Einen und auch noch den Andern zum Zuhören einladen, so ist es gar viel praktischer für Sie, wenn wir um 1 Uhr speisen und Sie den Einen und auch noch den Andern zu etwa 3 oder 3 ½ einladen? Um 4 oder 4 ½ können Sie dann wieder in gewünschter Stille sich dem Photographieren oder dem Lesen der letzten weihnachtlichen Bände Lyrik hingeben.
Sobald ich ihn weiß, nenne ich den Tag und frage, ob er Ihnen recht ist.
(Ich denke Donnerstag!) Mit bestem Gruß

Ihr ergebenster J. Brahms

Soeben waren die Hrn. Steinbach und Mühlfeld da, und wir meinen, Sie um den Donnerstag bitten zu dürfen (1 Uhr und 3 oder 3 ½).

Dr. Fellinger war für Brahms ein bewährter Berater in Problemen des Eisenbahnfahrplans, für dessen Studium es ihm selbst an Geduld fehlte. Vor einer Reise nach Meiningen schreibt er dem Freund:

AN RICHARD FELLINGER

[Postkarte; Wien, 21. September 1895]

Bei dem schönen Wetter finde ich so schwer den Weg durch all die Gassen. Ich bitte und frage deshalb hierdurch: könnten Sie mir wohl den Weg nach Meiningen aufschreiben? (Abends von hier, nach Mittag dort.)
Seinen Dank wird aber noch mündlich sagen

Ihr herzl. ergebener J. Br.

9 Aufnahme von Maria Fellinger, September 1894

10 Aufnahme von Maria Fellinger, vermutlich 1895

Als Antwort auf eine Einladung zu einem Lieblingsgericht, Metzelsuppe, schreibt er auf eine Visitenkarte ein Zitat aus ›Don Giovanni‹: »Wer kann da widerstehen?«

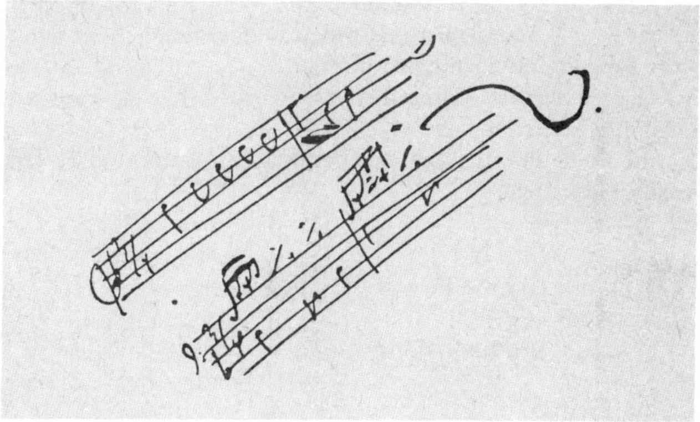

Heinrich von Herzogenberg hat Brahms acht Klavierstücke seiner Gattin geschickt, die nach ihrem Tode im Druck erschienen sind.

AN HEINRICH VON HERZOGENBERG

[Wien, 19. März 1892]

Teurer Freund,
Wie herzlich dankbar empfinde ich Ihre gestrige Sendung, und wie beglückend muß Ihnen die Empfindung sein, den Freunden diese schönen und rührenden Blätter mitteilen zu können. Über wie vieles hat man sich zu fragen, in den lieblichen Stücken selbst und – daß z.B. ich wenigstens keine Ahnung von ihrem Vorhandensein hatte! Es wurde mir wohl gelegentlich gesagt, daß ein oder das andere Ihrer Lieder aus der Feder Ihrer Frau stamme.
Ich sehe mich vergebens um (in den serbischen Liedern namentlich), kann mich aber nicht entschließen, eines bestimmter darauf anzusprechen.
Der Gedanke wird Ihnen jedenfalls nahe treten, den Freunden Mitteilungen aus ihren Briefen zu gönnen. In den meinen bewahre ich – vor allem eine der teuersten Erinnerungen meines Lebens, dann aber auch einen reichen Schatz von

Gemüt und Geist, der freilich nur mir gehört. Wie gern hörte ich sie aber zu andern von andern sprechen!
Meine Frühlings-Reisepläne klingen diesmal merkwürdig leise; meine Gedanken spazieren ganz ruhig und unaufgeregt in Florenz, Siena, Orvieto herum, und nur wenn ich Sie dann dazu sehe, möchte ich Ernst machen.
Was haben Sie für den Sommer vor? Werden Ihre Verwandten Sie in Österreich halten?
Für heute denn nur nochmals herzlichsten Dank und besten Gruß

Ihres J. Br.

Am 6. Februar 1894 war Theodor Billroth gestorben.

AN JOSEPH VIKTOR WIDMANN

Wien, 9. Februar 1894

Lieber Freund,
ich wüßte gern, ob Ihre liebe Frau zugibt, daß sich mit dem Frühling die gewohnten Wandertriebe bei Ihnen regen? Ob sie wenigstens dem energisch republikanischen Hofmanne gestattet, etwa an Villa Carlotta und die italienischen Seen zu denken?
Billroth haben Sie meines Wissen gar nicht gekannt? Er starb eigentlich *seit* seiner schweren Krankheit, 87. Aus diesem Jahr finde ich einen Brief *nach Thun adressiert*, in dem er sein erstes, überstandenes, verhindertes Sterben beschreibt. Sie werden den Brief damals gelesen haben.
Sie lesen doch die Rundschau und Hanslicks Erinnerungen? Ich denke mir, daß sie Ihnen eine besondere Freude sein müßten, das Kapitel über Billroth war dessen letzte, aber gewiß schönste Freude. Billroth hatte alle großen – und auch kleinen Eigenschaften, populär zu werden. Aber ich wünschte, Sie könnten, wie ich, sehen, was es heißt, hier geliebt zu sein. Das kennen und können wir bei uns, Sie bei sich nicht. So offen tragen wir unser Herz nicht, so schön und warm zeigt sich die Liebe nicht, wie hier, vor allem beim besten Teil des Volks (ich meine aber: beim Volk, bei der Galerie!)
Aber: usw. und schönste Grüße allerseits von

Ihrem J. Br.

AN JOSEPH VIKTOR WIDMANN

[Wien, 11. Februar 1894]

Lieber Freund,

unsere Briefe haben sich gekreuzt, Sie und wie viele sprechen mir ihre Teilnahme aus über den Verlust des Freundes. Ich aber habe diesen seit Jahren empfunden und werde es nach Jahren wieder und stärker. Grade jetzt aber hatte ich, und wohl viele seiner Bekannten, ein Gefühl von Erlösung.

In den letzten Jahren bin ich mit Billroth nicht zusammen gewesen, ohne ganz trüb und traurig davon zu gehen. Seine schwere Krankheit und sein krankes Herz hatten ihn eben zum alten Mann gemacht, den er mit Digitalis, immer heftiger, für Tage verschleiern wollte.

Sein überaus großer Tätigkeitstrieb ist ihm zwar bis zum letzten Tag geblieben, mir aber war er, wie die Schatten seiner früheren Energie und Lebensfreudigkeit, peinlich und unbehaglich.

Nachmals möchte ich von den lieben Wienern anfangen, für die sonst eine »schöne Leich« auch eine »Haupthetz« ist. In der ganzen unzähligen Menschenmenge hätten Sie kein neugieriges, kein gleichgültiges Gesicht gesehen, auf jedem nur die innigste Teilnahme und Liebe. Mir hat das beim Schlendern durch die Gassen und auf dem Friedhof ganz ungemein wohlgetan.

Mit herzlichen Grüßen Ihr J.Br.

Brahms hat 1894 in sieben Heften seine große Sammlung mit neunundvierzig deutschen Volksliedern erscheinen lassen.

AN HERMANN DEITERS

[Ischl, 29. Juni 1894]

Lieber verehrter Freund,

ich habe das Bedürfnis, meiner nächsten Sendung an Sie einen herzlichen Gruß beizufügen. Ich fürchte, es ist auch der Dank für Ihren letzten Gruß, der mich sehr und mehr erfreute, als Sie hiernach annehmen dürften. Ihr Haus in Bonn, Ihre liebe Frau und alles, was es so lieb und behaglich machte, ist mir so gegenwärtig wie etwas Heutiges.

Meine jetzige Sendung nun geht auch den Rhein an, es sind Volkslieder, die größtenteils daher stammen.

Eigentlich ist diese meine Sammlung das – was von einer

großen Streitschrift gegen Böhme übriggeblieben ist, an dessen Büchern ich ungemein viel auszusetzen habe. Diese meine Beispiele sprechen jedoch nur von dem einen: daß ich mich für die gar so philiströsen Texte und Melodien, wie sie seit Erk so gepflegt werden, nicht interessieren kann; ich zeige solche Gedichte und Melodien, die mir schön und gut erscheinen und seit längster Zeit lieb und wert sind.
Über den Streit »echt oder unecht« komme ich leicht weg. Erk und Böhme sammelten in Pommern, Mecklenburg etc. Zuccalmaglio u. a. vor der Eisenbahnzeit in den Rheintälern. Der Anspruch und Glauben – wie das Zutrauen einer Bearbeitung kommt beiden Parteien in gleicher Weise zu. Doch – usw. Weiß ich doch nicht, ob Sie die Sache überhaupt interessiert und wieviel Sympathie Sie für Erk, vielleicht auch für den Fleiß des Herrn Böhme haben.
Es ist wohl das erstemal, daß ich dem, was von mir ausgeht, mit Zärtlichkeit nachsehe! Heute geht diese freundliche Empfindung jedenfalls auch Sie und Ihr Haus an, und bin ich mit besten Grüßen

Ihr herzlich ergebener J. Brahms

Der Bildhauer und Radierer Max Klinger hatte eine Sammlung von Radierungen mit dem Titel »Eine Brahms-Phantasie« geschaffen. Sie bereitete Brahms große Freude.

AN JOSEPH JOACHIM

Wien, 14. Oktober 1894

Teurer Freund,
Deine freundlichen Worte über meine Volkslieder haben mir die größte Freude gemacht, und ich danke Dir von Herzen.
Mit soviel Liebe, ja Verliebtheit habe ich noch nie etwas zusammengeschrieben, und ich konnte ja ungeniert verliebt sein – in etwas Fremdes. So bin ich es auch jetzt in ein Werk, das meinen Namen trägt: die Brahms-Fantasie von Max Klinger. Ich möchte, daß Du es besäßest und zwar von mir aus: so erlaube, daß ich es Dir zugehen lasse.
In ruhigsten Stunden versenke Dich in die Blätter; so hoch und weit Klingers Fantasie ihn auch trägt, Dir wird sich Bild, Wort und Ton vereinigen und Du wirst wie ich entzückt und ergriffen sein von der Schönheit und dem tiefen, ernsten Ausdruck der Bilder.

Die Volkslieder angehend, wünschte ich, Du ließest Dir von Frau Spitta meine letzten Briefe an ihn, ihren teuren, unvergeßlichen Mann, zeigen. Es wird Dich interessieren zu lesen, wie ich eigentlich dazu kam, diese meine alten Lieblinge herauszugeben – und um was bei der Gelegenheit die Welt gekommen ist!
Du und Göttingen kommen auch darin vor, und so war mir Deine zweifache Erinnerung an G. auch doppelt rührend. Die Lieder selbst kamen am Abend vor Spittas Tode bei ihm an!
Spitta war auch gewiß noch beteiligt an Eurem sehr schönen Unternehmen, unsere Klassiker für die Schulen wieder zu säubern – von wievielem Unrat! Ich habe mich darüber ganz außerordentlich gefreut und hoffe auch auf die höchst nötige Wirkung, wenn sie sich auch zunächst nur leise und schüchtern zeigen wird. Falls Du etwa, namentlich in der ersten Winterhälfte, nach Frankfurt kämest, lasse es mich doch wissen. Ich käme dann auch, würde entweder Mühlfeld dazu laden oder eine Bratschenstimme mitbringen – zu zwei Klarinettensonaten, die ich gern Frau Schumann hören ließe. Unsere Behaglichkeit würden die anspruchslosen Stücke nicht stören – aber es wäre schön!
Und so denn mit der schönen Aussicht und herzlichem Gruß

Dein Johannes

AN JOSEPH JOACHIM

[Wien, April 1895]

Lieber Freund,
wenn ich einmal ein Geschäft machen will, mißlingt es gewiß oder nützt mir nichts.
Nur Deinetwegen und Dir eine Freundlichkeit zu zeigen, schenkte ich Deinem Beethovenhaus [in Bonn] die Handschrift von Beethovens Vater – allerdings mit dem geheimen egoistischen Gedanken, damit mich sonst und für anderes frei gekauft zu haben! (Die Strafe folgt solchem Verbrechen auf dem Fuße!)
Nun bitte ich aber doch herzlich, die gute (wenn gleich nicht ganz reine) Absicht jenes Geschenkes anzuerkennen und mich – nicht zum Spielen zu nötigen! Wozu soll ich darüber nachdenken, ob die Leute recht haben, die hernach sagen und schreiben, mein Spiel genüge nicht? Empfinde ich doch selbst,

wenn ich nicht besonders guter Laune bin, daß man gewohnt sein muß vor Leuten zu spielen, wenn man öffentlich spielen will.
Ich besuche Euer [Kammermusik-] Fest gern. Aber die Reise ist weit, und vierzehn Tage später ist das Kölner Fest, zu dem ich seit Jahr und Tag eingeladen bin. Das verspricht eine angenehme, aber längliche Vergnügungsfahrt; ich möchte mich wenigstens nicht verpflichten dazu.
Deine Direktion hat aber keine Ursache, empfindlich zu sein! Wenn sie und Herr Wolf mir zu gleicher Zeit dasselbe schreiben, und ich antworte an Wolf, so gilt dies doch für die Direktion mit – ich kann doch nicht beiden dasselbe antworten!?
Aus einer italienischen Reise scheint dies Jahr nichts zu werden. Um so sicherer denke ich den Rhein einmal behaglich wieder zu sehen und freue mich dann viel Schönes von Dir zu hören!

Mit herzlichem Gruß Dein Johannes

AN JULIUS OTTO GRIMM

[Wien, April 1896]

Teurer Freund,
der Gedanke an Dich läßt mich gar nicht los. Aber so schön und lieb alles ist, was mich an Dich und Deine liebe Frau erinnert, mit wieviel Wehmut ist es jetzt verschleiert! Es ist doch gar traurig, daß scheiden muß, was so lange und innig verbunden war. Deiner Liebe zu ihr mag es ein ernster Trost sein, daß sie jetzt nicht *Deinen* Schmerz zu tragen hat, und in Euren Kindern hast Du den freundlichen Trost, sie weiter leben zu sehen. Wie gern denke ich, daß die Tochter bei Dir im Haus ist und mit welcher Liebe sie sich bemühen wird – freundlich an die Mutter zu erinnern. Ein wenig lindernd mag Dir doch auch der Gedanke sein, mit welcher Liebe alle Freunde an Dir hängen, und wie überaus teuer die Erinnerung an sie ihnen allen ist. Sei recht von Herzen gegrüßt in alter, treuer Freundschaft!

Dein J. Brahms

Clara Schumann, sechsundsiebzigjährig, hat einen Schlaganfall erlitten. Brahms schreibt an ihre Tochter:

AN MARIE SCHUMANN

Wien, April 1896

Liebes Fräulein Marie,
Ihre liebe Mutter hat uns recht erschreckt. Zum Glück kommen mit Ihren auch andre, tröstlichere Nachrichten, so daß ich einstweilen beruhigt sein sollte.
Meiner allerherzlichsten Teilnahme sind Sie ja gewiß, aber ich hätte in solchem Falle auch so gern alle mögliche Rücksicht gegen Sie. Aber es geht nicht, ich muß Ihnen die ernste, herzliche Bitte aussprechen: wenn Sie glauben, das Schlimmste erwarten zu dürfen, gönnen Sie mir ein Wort, damit ich kommen kann, die lieben Augen noch offen zu sehen, mit denen für mich sich – wie viel schließt!
Verzeihen Sie! Ich hoffe von ganzer Seele, meine Sorge sei unnötig. Aber: bedenken Sie, wie gern ich auch die unnötige Reise mache, und mit welcher Freude ich zurückfahre, wenn uns die über alles Teure erhalten bleibt! Ich bitte so dringend ich kann, und Ferdinand ist gewiß so gut, mir kurz zu telegraphieren – ich hoffe noch: Mildes und Tröstliches!

Von Herzen Ihr J. Brahms

Ein englischer Musikfreund hat Brahms testamentarisch 1000 englische Pfund vermacht. Joachim teilt ihm das mit, und äußert im selben Brief seine Besorgnis um Clara Schumann: »Mir schwindelt beim Gedanken, sie zu verlieren.«

AN JOSEPH JOACHIM

Wien, 10. April 1896

Teurer Freund,
Schöneres, Wohltuenderes kann man doch nicht erleben als Du mir jetzt mitteilst.
Daß ein Mann, den ich gar nicht kenne, der mich, soviel ich weiß, auch niemals brieflich angeredet hat, in solcher Weise meiner gedenkt, das rührt mich aufs tiefste und innigste. Ich habe das unschätzbare Glück gehabt, Ähnliches bereits erleben und empfinden zu dürfen – wie verschwinden dagegen alle äußeren Ehren!
Da ich das Geld nicht »anzulegen« brauche, so genieße ich es auf die angenehmste Weise, indem ich mich auf die Verteilung freue.
Dein Brief hört aber damit nicht auf, mich zu erfreuen! Die

Kanons von Haydn besitze ich nur in eigener Abschrift; von Dir kommend ist die alte Ausgabe also doppelt willkommen.
Nun aber – ich kann nicht traurig nennen, wovon Dein Brief dann spricht. Ich habe oft gedacht, Frau Schumann könne ihre Kinder alle und mich dazu überleben – gewünscht aber habe ich es ihr nicht. Erschrecken kann uns der Gedanke, sie zu verlieren, nicht mehr, nicht einmal mich Einsamen, dem gar zu wenig auf der Welt lebt.
Und wenn sie von uns gegangen ist, wird nicht unser Gesicht vor Freude leuchten, wenn wir ihrer gedenken? Der herrlichen Frau, deren wir uns ein langes Leben hindurch haben erfreuen dürfen – sie immer mehr zu lieben und zu bewundern.
So nur trauern wir um sie.
Sei recht von Herzen gegrüßt.

Dein J. B.

An seinem dreiundsechzigsten Geburtstag hat Brahms ein großes Werk vollendet, seine ›Vier Ernsten Gesänge‹ für eine Baßstimme und Klavier. Wie immer schreibt er sarkastisch über eine Arbeit, an der seine tiefsten Gefühle hängen.
Der Verleger Fritz Simrock verwaltete das Vermögen von Brahms.

AN FRITZ SIMROCK

[Ischl, 8. Mai 1896]

L. Fr.
Ich muß Dir doch zu meinem Geburtstage eine kleine Freude machen – wie ich mir selbst zu diesem Tage eine gemacht, indem ich mir ein paar kleine Liederchen schrieb. Diese denke ich zu veröffentlichen und sie – Max Klinger zuzueignen! Daran siehst Du, daß sie nicht grade ein Spaß sind – im Gegenteil, sie sind verflucht ernsthaft und dabei so gottlos, daß die Polizei sie verbieten könnte – wenn die Worte nicht alle in der Bibel ständen. So rechten Spaß werden sie Dir dennoch nicht machen, denn es läßt sich nicht wohl weiter was damit machen, als sie von einem Baß mit Klavier singen zu lassen. Es wäre lächerlich, sie einem Mädchen oder Tenor zuzumuten.
Mir fällt ein, Dir ein paar Gedichte zu schicken. Das Widmannsche ist von 93, die anderen sind von einer Frau (deren Mann Obrist im Elsaß ist). Fellingers haben sie mir vervielfältigt.
Eben war der Schneider da. Du magst Dich wundern, daß ein

Mann in meinem Alter sich noch einen neuen Rock machen läßt! Aber bezahlen konnte ich ihn nicht, und bitte Dich, mir doch gelegentlich eine Mille zukommen zu lassen!
Ist die lustige Stimmung im Wachsen?

Solches herzlich wünschend
Dein J. Br.

Am gleichen Tage schickt er das Manuskript des neuen Werks an Mandyczewski zur Weiterbeförderung:

AN EUSEBIUS MANDYCZEWSKI

[Ischl, 8. Mai 1896]

Beiliegende gottlose Schnadahüpferl lasse ich den Umweg über Wien machen, weil ich hoffe, sie haben Simrock oder Ihnen etwas zu sagen. Sonst zeigte ich lieber, wie ich hier in anderen kleinen Schosen [Choralvorspielen für Orgel] Buß und Reu übe. Schon der Seltenheit wegen könnten sie Ihr Interesse erregen. Für Ihre »Schwärmer und Schwindler« [Buch von Eugen Sierke] danke ich noch bestens. Es genügt mir jedoch nicht und ich freute mich, daß man auf einen interessanten Stoff und eine gute Firma hin nicht gleich ein Buch kauft!

Besten Gruß Ihres J. Br.

Eine Woche später sendet Brahms ein Gedicht in Schüttelreimen an Mandyczewski:

[Ischl, 15. Mai 1896]

Da sich am Freitag die Sonne gewendet,
Und so uns dreifach die Wonne gesendet,
Die klar uns sehen läßt, was netter,
Was schöner und besser als naß Wetter,
Und wie sich des Glückes Blätter wenden –
So laß ich mich nimmer vom Wetter blenden!

Natur beut mir am Tischl alle
Die Reize dar vom Ischltale,
Und von der Wetterseite her
Beruhigt sie mich heute sehr.

Es war vielleicht seine letzte Äußerung von guter Laune. Am 20. Mai starb Clara Schumann. Brahms hatte durch einen versäumten Zug eine beschwerliche Reise und kam verspätet zur Beerdigung in Bonn. Der damit verbundenen Aufregung schrieb er einen Anfall von Gelbsucht zu, der sich unmittelbar darauf einstellte. Es war tatsächlich ein Symptom seiner Todeskrankheit, Leberkrebs, wie die Ärzte feststellten, ohne es ihm mitzuteilen.
Brahms schickt Frau Fellinger einen Zypressenzweig vom Grab Claras für ihre Photo-Chronik.

AN MARIA FELLINGER

[Ischl, 4. Juni 1896]

Liebe Frau Dr.,
entschuldigen Sie, daß mein Dank für all Ihr Gutes so spät kommt. Wie herzlich und ernstlich Ihre Worte gemeint sind, empfinde ich ganz und gar und danke Ihnen ebenso ernstlich und herzlich. Beiliegendes nahm ich in Gedanken an Sie mit – Sie können es leider noch in Ihre Chronik einreihen! Ich hätte nicht gedacht, daß mir ein Bild der Teuren jetzt willkommen sein könnte, doch ist es so, und ich danke allerbestens für das Ihre.
Ich muß viel an Marie und Eugenie [Schumann] denken und möchte, ich könnte ihnen irgendwie ratend und helfend zur Seite stehen. Weder jung noch gesund, sitzen die armen Mädchen jetzt allein in dem großen Haus, wo ein reiches langes Leben wie viel und vielerlei, Wertvolles und Unnützes aufgehäuft hat. Geradezu mit Sorge denke ich an sie und ihren schönen, aber schwerfälligen Besitz, wüßte aber durchaus nichts zu sagen, auch wenn sie etwas frügen.
Ich war noch einige Tage im Siebengebirge, wo sich zu Pfingsten alljährlich eine größere Anzahl besonders werter Freunde auf dem großen Besitz eines gemeinsamen Freundes versammelt. Weniger als sonst dachte ich diesmal dabei zu sein. Zum Glück aber ließ ich mich mitnehmen. Wie leer und trübe wäre mir wohl auf der Heimreise und hier zu Mute gewesen, und wie schön verklang mir jetzt die ernste Trauer-Feierlichkeit in herrlicher Gegend, vortrefflicher Gesellschaft und schönster Musik! [...]
Nun aber melden Sie bald Gutes und immer Besseres

Ihrem herzlich grüßenden J. Brahms

AN MAX KLINGER

[Ischl, 23. Juni 1896]

Lieber und Verehrter,
was werden Sie sagen, wenn nächstens ein paar Liederchen von mir kommen und ausdrücklich Ihnen zugeeignet sind! Aber ich habe Ihrer oft dabei gedacht, und wie tief Sie die großen, gedankenschweren Worte ergreifen möchten. Auch wenn Sie ein Bibelleser sind, werden sie Ihnen unerwartet kommen, mit Musik aber jedenfalls. Nun und jedenfalls wollte ich Ihnen damit einen herzlichen Gruß sagen, was ich seit den Wiener Tagen so oft und gern tun wollte – das Briefpapier kommt mir aber so schwer in die Hand!
Ich denke recht herzlich an Ihre freundliche Häuslichkeit und Ihre Frau Mutter, der Sie jetzt der schönste Trost sind. Empfehlen Sie mich ihr freundlichst und seien Sie selbst bestens gegrüßt von Ihrem

J. Brahms

Fürsorglich bemüht, schreibt Brahms an Claras Tochter Marie:

AN MARIE SCHUMANN

[Ischl,] den 7. Juli 1896

Liebes Fräulein Marie,
allerdings dachte ich bei dem, was Sie in Verlegenheit setzen könnte, vor allem an Tagebücher, Briefe und dergleichen. Leider weiß ich einstweilen nur das eine Wort: Vorsicht! Zunächst sorgen Sie für alle Fälle (oder den einen Fall) dafür, daß diese Sachen aus Ihrem Eigentum mit allen Rechten in das der zweitältesten Tochter, also Elise, übergehen. Dann bitte ich, geben Sie niemandem und nichts aus der Hand, ohne vorher mit mir oder einem andern Freund, dem Sie wirklich ernstlich trauen können, sich beraten zu haben. Ich kann gelegentlich, dies angehend, weiteres sagen, jedenfalls aber bin ich jederzeit bereit, nach Frankfurt zu kommen, wenn Sie irgend etwas zu fragen und zu wünschen hätten.
Ich kann mich an den Gedanken nicht gewöhnen, daß Sie Ihr Haus verlassen und verkaufen. Doch erbitte ich keine Auskunft deshalb, denn ich kann mir denken, wie eingehend Sie das überlegt haben. Da Sie es indes noch haben, so versuchen Sie doch, recht frei und flott in der Angelegenheit zu denken.

Sie finden gewiß eine gute Partei für einen Teil des Hauses, und wenn Sie auch teurer wohnen als gerade nötig, was haben Sie für Annehmlichkeiten! Der Umzug dagegen, und bei wahrscheinlichem Wechsel (!) der doppelte – wieviel Mühe und Kosten macht das.

Nun noch eins. Wenn Ihnen nächstens ein Heft »ernsthafte Gesänge« zukommt, so mißverstehen Sie die Sendung nicht. Abgesehen von der alten lieben Gewohnheit, in solchem Fall Ihren Namen zuerst zu schreiben, gehen die Gesänge Sie auch ganz eigentlich an.

Ich schrieb sie in der ersten Maiwoche; ähnliche Worte beschäftigten mich oft, schlimmere Nachrichten von Ihrer Mutter meinte ich nicht erwarten zu müssen – aber tief innen im Menschen spricht und treibt oft etwas, uns fast unbewußt, und das mag wohl bisweilen als Gedicht oder Musik ertönen. Durchspielen können Sie die Gesänge nicht, weil die Worte Ihnen jetzt zu ergreifend wären. Aber ich bitte, sie als ganz eigentliches Totenopfer für Ihre geliebte Mutter anzusehen und hinzulegen.

Für Ihr so freundliches Erbieten, mir ein Andenken zu überlassen, habe ich herzlichst zu danken – aber nichts zu wünschen.

Irgendein äußeres Zeichen der Erinnerung verlangt und wünscht wohl der Mensch, mir würde das kleinste genügen – aber ich besitze die schönsten!

Seien Sie alle recht von Herzen gegrüßt.

Ihr ganz ergebener
J. Brahms

AN MARIA FELLINGER

[Postkarte; Ischl, 19. Juli 1896]

Nächstens aber schreibe ich! Dies soll's nur signalisieren und meinen schönsten Dank anmelden für all Ihre lieben Briefe. Der letzte der Beste! Ja, die Schnadahüpfeln sind dies Jahr etwas sauer geraten, und nicht jeder wird so freundlich hinein beißen wie Sie. So hübsch und schön – und so vollkommen, wie Ihre Bilder immer mehr werden, kann's ja auch keinesfalls machen

Ihr herzl. grüßender
J. Br.

AN FRITZ SIMROCK

[Ischl, 25. August 1896]

Ja, Bester, ich habe eine kleine bürgerliche Gelbsucht. Ich weiß auch, woher, und daß ich bei der Gelegenheit ebensogut einen Schlag hätte kriegen können. So darf ich also doppelt zufrieden sein. Leider habe ich die Geschichte wochenlang herumgeschleppt, ohne zu wissen, was mir fehlt. Dann habe ich vier Wochen Karlsbader getrunken, jetzt pausiere ich, und es fragt sich, ob ich September etwa noch nach Karlsbad muß.

Nun noch schönsten Dank für die Besorgung des Kaporal! Dann beste Wünsche für die neue Reise – für Dich ist jedoch die Schweiz praktischer als Italien!

Herzlich Dein J. Br.

Joachim, der im Dezember in Wien Konzerte haben wird, schlägt Brahms vor, mit dem Joachim-Quartett sein Klavierquintett in f-Moll zu spielen.

AN JOSEPH JOACHIM

[Postkarte; Wien, 2. September 1896]

Unter gar keinen Umständen! Und wenn Ihr vier liebe, liebliche Geliebte wärt, wie Ihr ernste, verehrte Männer seid! Ich aber bin nur 24 Stunden hier und fahre heute noch nach Karlsbad – so verzeih', wenn ich einstweilen hierdurch nur herzlich danke, mich auf den Dezember freue und um einen Haydn im Programm bitte!

So eilig wie herzlich
Dein J. B.

AN HEINRICH VON HERZOGENBERG

[Karlsbad, 15. September 1896]

Lieber Freund,
in Ischl treffen Sie mich keinesfalls. Einstweilen bin ich hier in Karlsbad, versuche aber bis jetzt vergebens, das bißchen Gelbsucht zu vertreiben. Zum 28. *hoffe* ich in Wien zu sein. Sie halten sich dort wohl jedenfalls auf? Sonst könnte seinerzeit Genaueres melden

Ihr herzlich grüßender
J. Br.

AN RICHARD FELLINGER

[Karlsbad, 16. September 1896]

Lieber Herr Dr.
Sie nehmen hoffentlich als selbstverständlich an, daß ich *nichts* mitzuteilen habe – da Sie es sonst wüßten. In der Tat werde ich vermutlich genau so nach W[ien] zurückkommen, wie ich gegangen bin. Von dem für die Kunst Ihrer lieben Frau so geeigneten Rundbogenstil ist natürlich noch keine Rede. [Brahms war erschreckend abgemagert.] Nur meine Liebschaft für »Gespritzten« hat sich in Haß verwandelt. Zum Glück darf ich ein Glas Bier wie Wein trinken.
Das Beste von allem ist das Wetter, das, ohne schön zu sein, höchst praktisch ist. Blau und Grau wechselt stündlich, doch regnet es nicht und ist warm und mild. *Sollten* Sie sich etwa hierher verführen lassen, so empfehle ich dringend das *Hotel Loib*, bei dessen liebenswürdiger Wirtin wir auch gut speisen. (Eine Nachricht vorher und Wagen an die Bahn ist nötig.)
Verzeihen Sie den gar zu flüchtigen Gruß

Ihrem herzl. grüßenden J. Br.

AN FRANZ WÜLLNER

[Postkarte] Wien, den 21. 10. 1896

Besten Dank Dir und den anderen Freunden! Ich habe eine kleine bürgerliche Gelbsucht, die, lange unbeachtet gelassen, jetzt sich etwas langsam zum Abzug entschließt. In jeder Beziehung auf das gründlichste untersucht, darf ich durchaus beruhigt abwarten. Schmerzen oder irgend sonst Unangenehmes sind nicht damit verbunden.
Meine Freunde dürfen also fröhlich gedenken ihres

dankbaren J. Brahms

AN JOSEPH JOACHIM

[Wien, 26. Oktober 1896]

So klingt denn der Herbst wie der Sommer in traurigen oder wehmütigen Moll-Akkorden weiter! Daß mein besonderer Dich nicht zu beunruhigen braucht, weißt Du durch Dr. Fellinger; aber ich wünschte doch, endlich aufhören zu dürfen, Gulyás als den Inbegriff alles Bösen ansehen zu müssen!
Sehr ungern höre ich, daß Ihr Euren Besuch uns so arg verkürzen wollt. Das Warum ist mir allerdings klar, und so

müssen wir uns denn ergeben. Du bist wohl so gut, auf Inliegendes die Adresse zu schreiben?
Dich und die Kollegen grüße ich herzlich, namentlich den kranken, dessen Kollege ich diesmal in doppelter Hinsicht bin, und mit dem zusammen ich ein Erkleckliches seufzen werde!
Die wenigen Tage aber wollen wir gründlich genießen!

Von Herzen Dein J. Br.

AN RICHARD FELLINGER

[Wien, 13. Januar 1897]

L. Fr. Am Sonntag ist ein Konzert, das ich wohl bis zum Schluß mitmachen muß – das aber Ihre Speisestunde zu weit hinausrücken würde? Sonst hätte sich gern die Erlaubnis erbeten, kommen zu dürfen,

Ihr herzl. grüßender J. Brahms

AN JOSEPH JOACHIM

[Wien, 21. Februar 1897]

Verehrter und Lieber,
ich möchte mit mehr als meinen Gedanken und einigem Programmachen an Eurem Feste teilnehmen können. Schon zu letzterem aber gehört mehr Lebens- und Schreibelust als meine jetzige Müd- und Mattigkeit mir läßt. Denn Du weißt, daß man dann jeden Tag mit gleichem Eifer ein anderes Programm vorzuschlagen hat. Das G-Dur-Quintett klingt mir noch zu schön im Ohr – dazu c-Moll-Trio, Klarinetten-Quintett oder einer Deiner anderen Entwürfe – und nächstens ein paar ganz andere!
Mir geht es durchaus nicht besser; das macht mich verdrießlich und unlustig. Will ich aber klagen, so brauche ich ja nur im nächsten Kreis mich umzuschauen und habe keinen Grund mehr. So denke ich bei Euch an Bargiel und Radecke mit herzlicher Teilnahme und bitte, sie auf das beste zu grüßen. Wie Schweres haben sie und die Ihrigen durchzumachen – ich komme ja hoffentlich mit ein bißchen Geduld durch.
Diesmal also heißt es noch nicht: Ehrenpräsident der vereinigten Beethoven-Häuser?! Für das nächste Mal erwartet dies aber
Dein herzlichst grüßender

J. Br.

Maria Fellinger war erkrankt.

AN MARIA FELLINGER

[Wien, 10. März 1897]

Liebe Frau Dr.
Ihre Nachricht kommt mir ganz unerwartet und sehr betrübend. Ich hätte sie längst in Ihrem Haus erfahren – wenn es mir selbst nicht auch immer miserabler ginge. Lassen Sie mich jetzt nicht mehr sagen, aber gewiß hören, wenn sich bei Ihnen etwas zum Bessern wendet. Hoffentlich erklingt doch der ganze Dreiklang recht bald wieder in reinster Stimmung!

Herzlichst
Ihr J. Br.

AN JOSEPH JOACHIM

Wien, 24. März 1897

Lieber Joachim,
Dir, Menzel, dem Verehrten, und allen, die so freundlich und gütig den für mich viel zu schmeichelhaften Gruß zeichneten, danke ich von Herzen!
Erwidern aber kann ich nicht; es geht mir immer miserabler; jedes Wort ist mir ein Opfer, gesprochen oder geschrieben.
Seit wir uns hier sahen, bin ich keinen Abend ausgewesen – aber zu Fuß auch keinen Schritt überhaupt.
An meine Freude und meinen Dank aber glaube und sage allen das Herzlichste

von Deinem J. Brahms

Das war vermutlich der letzte Brief, den Brahms geschrieben hat. Treu gepflegt von ergebenen Freunden, starb er neun Tage darauf, am 3. April 1897.
Daß er sein Leiden zunächst nicht ernst zu nehmen scheint und fast bis zuletzt den Eindruck zu erwecken sucht, es fehle ihm nichts Erhebliches, ist seltsam. Er war immer von robuster Gesundheit gewesen, ein unermüdlicher Fußgänger, mit niemals gestörtem Appetit und Schlaf. Keiner seiner Freunde hatte ihn je krank gesehen. Er wollte es nicht wahrhaben. Aber es ist undenkbar, daß ein Mensch von seiner Umsicht Symptome ignorieren konnte, die er bei seinem Vater vor fünfundzwanzig Jahren aus nächster Nähe gesehen hatte. Man kann nicht umhin, in seinem Verhalten die gleiche Neigung zu sehen, ihm Wichtiges als irrelevant hinzustellen, die er zu zeigen pflegt, wenn von seiner Musik die Rede ist. Ein Umstand spricht dafür, daß er sich seines Zustandes durchaus bewußt war: er hat mit

peinlicher Gewissenhaftigkeit Ordnung gemacht. Elf Choralvorspiele, die er im Mai und Juni des vergangenen Jahrs geschrieben hatte – das letzte über die Melodie »O Welt, ich muß dich lassen« –, erschienen als sein einziges nachgelassenes Werk, herausgegeben von Mandyczewski. Sonst wurde nichts Handschriftliches bei ihm vorgefunden, nichts Weggelegtes, kein Fragment, nicht einmal Skizzen.
Kein Künstler hat je mit solchem Verantwortungsbewußtsein und solcher Wachsamkeit sein Werk der Nachwelt übermittelt.

Wichtige Lebensdaten

1833 Johannes Brahms wird am 7. Mai in Hamburg geboren.
1843 Erstes öffentliches Auftreten als Pianist; Unterricht bei Eduard Marxsen.
1848 Erste Konzerte.
1853 Konzertreise mit dem Geiger Eduard Reményi.
Beginn der Freundschaft mit Joseph Joachim. Besuch bei Robert und Clara Schumann in Düsseldorf.
1854 Schumanns Selbstmordversuch. Brahms bleibt in Düsseldorf, um in der Nähe von Clara Schumann zu sein.
1856 Tod Robert Schumanns am 29. Juli. Brahms trennt sich von Clara Schumann.
1857–1859 Musiklehrer und Chordirigent am Detmolder Hof.
1858 Beziehung zu Agathe von Siebold in Göttingen; Brahms entzieht sich einer festen Bindung.
1859 Das erste Klavierkonzert Op. 15 fällt in Leipzig durch.
1860–1862 Arbeit mit einem Frauenchor in Hamburg; Anregung zu zahlreichen Chorkompositionen. Öffentliche Stellungnahme gegen die »Neudeutschen« um Franz Liszt. Streichsextett Op. 18, Händel-Variationen Op. 24, Klavierquartette Op. 25 und 26.
1862 Im September erste Reise nach Wien. Konzerterfolge dort. Bei der Neubesetzung des Dirigentenpostens der Philharmonischen Konzerte in Hamburg wird Brahms übergangen.
1863 Berufung zum Leiter der Wiener Singakademie; Brahms legt das Amt nach einem Jahr nieder.
1865 Brahms' Mutter stirbt am 2. Februar. Arbeit am ›Deutschen Requiem‹ Op. 45.
1866 Der Vater heiratet wieder. Gutes Verhältnis zur Stiefmutter.
1868 ›Ein deutsches Requiem‹ wird in Bremen mit großem Erfolg uraufgeführt.
1869 Veröffentlichung der Ungarischen Tänze, die in weiten Kreisen bekannt werden. Alt-Rhapsodie Op. 53.
1871 Schicksalslied Op. 54, Triumphlied Op. 55.
1872-1875 Leitung des Singvereins der Gesellschaft der Musikfreunde in Wien. Konzertreisen. Am 11. Februar 1872 stirbt der Vater.
1873 Haydn-Variationen Op. 56.
1876 Erste Symphonie Op. 68. Verhandlungen mit der Stadt Düsseldorf über die Leitung des dortigen Musikvereins.
1877 Zweite Symphonie Op. 73.
1878 Violinkonzert Op. 77. Erste Italienreise mit Theodor Billroth.
1880 Ehrendoktorwürde der Universität Breslau. Ouvertüren Op. 80 und 81.
1881 Zweites Klavierkonzert Op. 83. Uraufführung in Meiningen unter Hans von Bülow.

1883 Dritte Symphonie Op. 90.

1885 Uraufführung der Vierten Symphonie Op. 98 in Meiningen.

1886 Ehrenpräsident des Wiener Tonkünstlervereins. Doppelkonzert für Violine und Violoncello Op. 102.

1888 Ehrenbürgerschaft der Stadt Hamburg. Streichquintett Op. 111, Klarinettentrio Op. 114, Klarinettenquintett Op. 115.

1894 Tod der Freunde Hans von Bülow und Theodor Billroth. ›Brahms-Phantasie‹ von Max Klinger.

1895 Brahms-Feste in Meiningen und verschiedenen anderen Städten. Österreichisches Ehrenzeichen für Kunst und Wissenschaft.

1896 Vier ernste Gesänge Op. 121. Am 20. Mai stirbt Clara Schumann. Brahms erkrankt. Aufenthalt in Karlsbad.

1897 Brahms stirbt am 3. April. Er wird auf dem Wiener Zentralfriedhof begraben.

Werkverzeichnis

In Klammern steht das Jahr der Veröffentlichung.
Die Ziffern verweisen auf die Seiten, auf denen einzelne Werke erwähnt sind.

Werke für Orchester

Kammermusik

Werke für Klavier

Werke für Orgel

Werke für Chor und Orchester

Mehrstimmige Vokalmusik ohne Orchester

Fünf Gesänge Op. 104 (1889)
Vierzehn Deutsche Volkslieder (1864) 31, 114
Kanons usw. (nachgelassen, 1927)

für Frauenstimmen mit Begleitung:
Der 23. Psalm Op. 27, mit Orgel oder Klavier (1864)
Vier Gesänge mit zwei Hörnern und Harfe Op. 17 (1862)

für Frauenstimmen ohne Begleitung:
Drei geistliche Chöre Op. 37 (1866)
Zwölf Lieder und Romanzen Op. 44 (1866)
Dreizehn Kanons Op. 113 (1891)

für Männerstimmen ohne Begleitung:
Fünf Lieder Op. 41 (1867)

Lieder für eine Singstimme mit Klavierbegleitung

Sechs Gesänge Op. 3 (1853)
Sechs Gesänge Op. 6 (1853)
Sechs Gesänge Op. 7 (1854)
Acht Lieder und Romanzen Op. 14 (1860)
Fünf Gedichte Op. 19 (1862)
Neun Lieder und Gesänge Op. 32 (1864) (Wie bist du, meine Königin) 37
Fünfzehn Romanzen aus Tiecks ›Magelone‹ Op. 33 (1865–1869) 54
Vier Gesänge Op. 43 (1868)
Vier Lieder Op. 46 (1868)
Fünf Lieder Op. 47 (1868)
Sieben Lieder Op. 48 (1868)
Fünf Lieder Op. 49 (1868)
Acht Lieder und Gesänge Op. 57 (1871)
Acht Lieder und Gesänge Op. 58 (1871)
Acht Lieder und Gesänge Op. 59 (1873)
Neun Lieder und Gesänge Op. 63 (1877)
Neun Gesänge Op. 69 (1877) 91, 92, 93, 94
Vier Gesänge Op. 70 (1877) 91, 92, 93, 94
Fünf Gesänge Op. 71 (1877) 91, 92, 93, 94
Fünf Gesänge Op. 72 (1877) 91, 92, 93, 94
Fünf Romanzen und Lieder, für eine oder zwei Singstimmen, Op. 84 (1882)
Sechs Lieder Op. 85 (1882)
Sechs Lieder Op. 86 (1882)
Zwei Gesänge für Alt mit Bratsche und Klavier Op. 91 (1884)
Fünf Lieder für eine tiefe Stimme Op. 94 (1884)
Sieben Lieder Op. 95 (1884)
Vier Lieder Op. 96 (1886)
Sechs Lieder Op. 97 (1886) 132, 133, 134
Fünf Lieder für eine tiefere Stimme Op. 105 (1889)
Fünf Lieder Op. 106 (1889)
Fünf Lieder Op. 107 (1889)
Vier ernste Gesänge für eine Baßstimme Op. 121 (1896) 182, 183, 186
Acht Zigeunerlieder Op. 103, bearbeitet (Original für Gesangsquartett) (1889)
Mondnacht (1854)
Regenlied (nachgelassen, 1908)
Neunundvierzig deutsche Volkslieder (sieben Hefte) (1894) 177, 178

Achtundzwanzig Volkslieder (nachgelassen, 1926)

Vierzehn Volks-Kinderlieder (1858)

Duette für zwei Singstimmen mit Klavierbegleitung

Drei Duette für Sopran und Alt Op. 20 (1861)

Vier Duette für Alt und Bariton Op. 28 (1864)

Vier Duette für Sopran und Alt Op. 61 (1874)

Fünf Duette für Sopran und Alt Op. 66 (1875) 83, 84

Vier Balladen und Romanzen für zwei Singstimmen Op. 75 (1878) 98

Briefempfänger und Briefdaten

Die Ziffern verweisen auf die Seiten, auf denen die einzelnen Briefe stehen

Erwähnte Personen

Quellennachweis

Die in diesem Band enthaltenen Briefe sind folgenden Ausgaben entnommen:

Johannes Brahms, Briefwechsel. Herausgegeben von der Deutschen Brahmsgesellschaft. 16 Bände. Berlin 1908–1922; Nachdruck Tutzing 1974

Clara Schumann – Johannes Brahms, Briefe aus den Jahren 1853–1896. Herausgegeben von Berthold Litzmann. 2 Bände. Leipzig 1927; Nachdruck Hildesheim 1970

Johannes Brahms in seiner Familie. Der Briefwechsel. Herausgegeben von Kurt Stephensohn. Hamburg 1973

Brahms und Billroth im Briefwechsel. Herausgegeben von Otto Gottlieb-Billroth. Wien 1935

Johannes Brahms und Julius Allgeyer. Eine Künstlerfreundschaft in Briefen. Herausgegeben von Alfred Orel. Tutzing 1964

Johannes Brahms im Briefwechsel mit Eusebius Mandyczewski. Zeitschrift für Musikwissenschaft, Leipzig 1933

Bildnachweis

Abbildung 1, 4, 6, 7, 8, 9, 10: Stadt- und Universitätsbibliothek Frankfurt am Main, Sammlung Manskopf
Abbildung 3: Gesellschaft der Musikfreunde, Wien
Abbildung 2: Originalaufnahme Franz Hanfstaengl. Kunst- und Verlagsanstalt Franz Hanfstaengl, München

Biographien / Erinnerungen / Tagebücher / Briefe

Irma Brandes
Caroline
Lebensbild der Romantik
Ein biographischer Roman um Caroline Schlegel-Schelling
Bd. 2031

Max Brod
Über Franz Kafka
Bd. 1496

Günter de Bruyn
Das Leben des Jean Paul Friedrich Richter
Bd. 2130

Margarete Buber-Neumann
Die erloschene Flamme
Schicksale meiner Zeit
Bd. 2073

Elias Canetti
Die Provinz des Menschen
Aufzeichnungen 1942–1972
Bd. 1677

Pablo Casals
Licht und Schatten auf einem langen Weg
Erinnerungen, aufgezeichnet von Albert E. Kahn
Bd. 1421

Charles Chaplin
Die Geschichte meines Lebens
Bd. 1836

Alfred Einstein
Mozart
Sein Charakter – sein Werk.
Mit 99 Notenbeispielen
Bd. 2039

Albrecht Goes (Hrsg.)
Mozart-Briefe
Mit Abbildungen.
Originalausgabe
Bd. 2140

Franz Kafka
Das Kafka-Buch
Eine innere Biographie in Selbstzeugnissen.
Hrsg.: Heinz Politzer.
Originalausgabe
Bd. 708